# 여성에게 매력적인 리더가 일도 잘한다

# 여성에게 매력적인 리더가 일도 잘한다

**1판 1쇄 펴낸날** 2024년 4월 30일

**지은이** 권서하
**펴낸이** 나성원
**펴낸곳** 나비의활주로

**책임편집** 권영선
**디자인** BIG WAVE

**주소** 서울시 성북구 아리랑로19길 86
**전화** 070-7643-7272
**팩스** 02-6499-0595
**전자우편** butterflyrun@naver.com
**출판등록** 제2010-000138호
**상표등록** 제40-1362154호
**ISBN** 979-11-93110-30-0  03320

✦ 인간적인 호감을 높여 리더십을 강화하는 기술

# 여성에게 매력적인 리더가 일도 잘한다

권서하 지음

나비의 활주로

# 연애에서 느끼는
# 감동이 필요한 리더십의 시대

동물행동학에서는 동물 무리 가운데 가장 높은 계급과 서열을 가진 개체를 '알파Alpha'라고 한다. 이때 알파가 수컷이라면 '알파 메일Alpha Male' 이다. 이를 사람에게 적용하면 정말 매력적인 남자를 칭하는 말이 된다. 그렇다고 해서 알파남이 단순히 얼굴이 잘생기고 몸매가 뛰어나며 키가 훤칠한 남성만을 의미하는 것은 아니다. 외모는 기본으로 확 끄는 매력이 있어야 하지만, 그 밖에도 여성이 매력을 느낄 만한 다른 요소들을 가지고 있어야 한다.

　나는 약 13년 전, 군대에서 한 매력남, 다시 말해 알파 메일을 만나면서 운명이 바뀌었다. 그는 소위 픽업아티스트에서 말하는 내추럴Natural, 다시 말해 선천적으로 타고난 '연애적 알파'를 가진 능력자였다. 제대 후 그와 어울리면서 '여성'에 대해 점점 더 알아가게 되었고, 여성이라는 존재를 토대로 세상을 이해하기 시작했다.

그 이후 본격적으로 연애 컨설팅, 재회 컨설팅 업체에서 강사로 활동하면서 '여성과 연애, 결혼'이라는 주제를 바탕으로 여성을 관찰하고 분석했다. 또한 여러 계층의 다양한 모습, 성격, 특징을 가진 여성들과 만나며 직접 여성에 대한 경험을 쌓아왔다. 어떻게 상대방에게 매력적인 알파 메일이 될 수 있을지, 수많은 경험을 토대로 많은 연구를 했다.

남성은 태어나자마자 큰 숙제를 안고 살아간다. '평생 알아가도 끝이 없는' 여성에 대해, 그리고 세상에 관해 배워야 한다. 이를 통해 만들어진 지혜와 통찰, 인간 심리에 대한 배움은 선순환으로 이어져서 세상에 이바지하게 된다. 결과적으로 남성에게 여성이란 세상의 이치를 배울 수 있는 스승이다.

그렇게 다년간 여성에 대해 고찰하면서 생각을 확장해보니 알파 메일이 된다면, 단순히 연애에서만 그 능력을 한정 지을 수 없다는 것을 깨달았다. 다시 말해, 이상적이고 존경받는 CEO나 리더가 되기 위해서는 연애에 있어 알파가 될 수 있었던 그 매력을 응용하여 실천하면 된다. 연애나 조직 혹은 회사 내 인간관계의 그 본질은 같기 때문이다.

한때 '미투 운동'이라 하여 조직이나 회사 내의 성폭력 문제를 다루는 내부 고발 운동이 붐을 이루었다. 만약 남성들이 여성과 많은 건전한 만남을 통해 여성에 대한 통찰력을 가졌다면, 여성의 심리와 남성의 차이점을 잘 알고 그것을 업무 상황에 적용할 수 있었다면 애초에 그런 현상은 일어나지 않았을지도 모른다.

여성과의 만남을 위해 노력하여 가꾼 매력을 단순히 '연애'에만 한정하는 것은 굉장히 아깝다. 어떤 이를 만나든 간에 매력을 보여줄 수 있어야 끌리는 법이기 때문이다. 남녀노소를 불문하고 말이다. 단언컨대 자신의 매력을, 단순히 연애만이 아니라 더욱더 광범위하게 사용한다면 삶이 달라질 것이다.

이 책은 기존의 조직학에서 말하는 리더십의 시각과 달리, 픽업아티스트적인 관점에서 알파 메일 남성학의 핵심을 리더십과 연결했다. 즉, 주로 타고나거나 혹은 나중에 계발된 매력적인 알파 메일이 여성을 상대하면서 길러진 통찰력을 발휘하도록 하며, 여직원과 일하고 있는 남성 리더들을 주요 대상으로 한다. 이를 익히면 동성 직원들에게도 좋은 리더십을 발휘할 수 있을 것이다. 동성에게 호감을 이끌어낼 수 있어야 이성에게도 호감을 이끌어낼 수 있는 건 당연하므로.

연애와 비즈니스는 닮은꼴이다. 지금부터는 세상과 연애한다는 느낌으로 살아가면 어떨까? 남성 CEO나 리더라면 연애적 알파의 자세로 여직원을 세심하게 배려하면서, 때로는 밀당 하듯 인간적인 매력으로 대할 수 있어야 한다. "고객을 연인처럼 대하라."라는 말도 있지 않은가. 직원들도 결국 나와 일하기 위해 온 다른 의미의 고객이다. 그러므로 그들에게 감동을 주는 리더십은 마치 연애와도 같이 섬세하고도 유쾌하다.

앞서 말한 '알파 메일로서의 매력'이 업무적인 능력을 기본으로 잘 결합된다면 큰 시너지 효과를 낼 수 있다. 그리고 여성의 심리를 파악하는 데에 있어 고수가 된다면 업무적인 통찰력도 생길 것이다. 만약 당신이 직원들에게 호감을 주고 인간미 넘치는 리더이길 바란다면 큰 도움이 될 것이다. 알파 메일이 된 당신의 매력적이고 인간적인 호감은 리더십을 더욱 강력하게 만들어줄 숨겨진 무기와도 같다.

권서하

# 남자들이여, 당신에게는
# 알파 메일의 잠재력이 있다

"모욕당하는 방법은 그것에 굴복하는 것이다. 사람은 요구하는 만큼만 존중을 받게 된다."
- 윌리엄 해즐릿

연애도 포기, 취업도 포기, 결혼도 포기, 집 사는 것도 포기. 이렇듯 요즘 무언가 하나둘씩 포기하는 젊은 남성들이 늘어간다고 한다. 너무나도 안타까울 따름이다.

2024년 현재, 우리나라의 합계 출산율은 0.7이라는 기록을 경신했다. 나라 존속의 위기에 빠졌다 해도 과언이 아니다. 인구가 계속 줄어드는 것은 유능한 인재도 줄어드는 것을 의미한다. 이런 상황이 지속되고 있는 데다가, 선의의 경쟁을 통한 상호 간의 발전은커녕 남성과 여성이 서로를 적대시하는 잘못된 문화까지 생겼다.

겉으로는 '연애를 포기했다.'고 하는 이라도 '자신이 알파 메일이 될 수 있다.'는 희망을 버리지 않았으면, 남성이라면 알파 지향적인 삶을 살았으면 좋겠다. 말 그대로 알파 메일이 많아지는 것은 사회적으로 능력이 있는 남자가 우리나라에 많아지는 것이니까. 사업이나 일에서만이 아니라 그러한 에너지로 살아갈 때 좀 더 거시적으로 보면 국가적 성장에 이바지할 수 있기 때문이다. 한 나라가 성장하려면 유능한 알파, CEO가 많이 나와야 한다. 그래야 많은 기업이 생기고 그들과 함께하는 알파 메일이 국가경쟁력을 만든다.

주변, 상황, 환경 탓만 하고 아무것도 하지 않는다면 영원히 알파는 될 수 없다. 하지만 누군가가, 어떤 남성이 알파 메일이 되기 위해 이런 책을 읽고 실천하면서 하루하루를 열심히 살아간다면 개인의 성장은 모이고 모여 국력도 강해진다.

필자가 과거 연애 컨설팅 업체에서 코칭을 하던 시절, 그곳을 통해 바른 연애관과 종합적 자기 계발을 통해서 연애뿐만 아니라 사회적으로도 더욱 능력이 있는 사람이 된 사례가 있다. 여성과의 책임감 있는 만남을 토대로 사회적 지능과 의사소통 능력과 화술을 키워서 자신의 영업적 능력을 키운 것이다. 더 나아가 직원들에게 어떻게 인간적 매력을 발산하고 그것을 토대로 리더십을 발휘할 것인지에 대해서도 많은 도움이 되었다고 한다.

결국 이 남성은 영업적 능력을 발전시켜서 만난 여성과 가정을 꾸리고 정착한 삶을 살고 있다. 유교적 악·폐습으로 생긴 암묵적 계급을 뛰어넘을 수 있는 것도 토털 알파적 삶을 지향하며 그것을 실행하는 것이다. 많은 남성들이 유교의 틀을 깨고 자기 자신을 개발하여 신분을 상승하고 알파화된다면 경제적 양극화 또한 극복할 수 있을 것이며, 많은 여성들도 자신들이 바라는 짝을 찾을 수 있을 것이다.

　이제는 기존의 연애에 한정적인 알파 메일의 고정관념에서 벗어날 때다. 기존의 알파 메일의 틀을 깨야 한다. 당신이 먼저 알파가 되고, 그런 잘 갖춰진 알파로 인해 그 알파를 따르는 사람들도 다 같이 발전하길 바란다. 남자라면 알파가 되길 지향하기 바란다. 한번 태어난 인생, 앞서 말했듯 개인의 능력이 모이면 결국 사회와 국가 발전의 원동력이 된다는 원대한 목표를 세우고 이에 관해 한 번쯤 고민해보았으면 한다.

# CONTENTS

 PART 1

## 외모 편

알파 메일, 리더의 차별화된 그 첫 번째 요소, 외모

# 리더는 겉모습도 리더답다

## PART 2
### 인간적인 매력 편
알파 메일, 리더의 차별화된 그 두 번째 요소, 인간적인 매력
# 지극히 인간적인, 그러나 그만큼 리더다운 리더

**PART 3**

## 진정한 리더십 스킬 편

알파 메일, 리더의 차별화된 그 세 번째 요소, 진정한 리더십

# 시야는 크고 넓게, 마음은 따뜻하게,
# 말은 정확하게, 행동은 올바르게

PART 1

# 외모 편

알파 메일, 리더의 차별화된 그 첫 번째 요소, 외모

# 리더는 겉모습도
# 리더답다

# 잘생긴 리더를 마다할
# 직원은 없다

---
♟
---

**"용모가 수려한 사람은 어떠한 추천서 못지않게 효능이 있는 법이다."**
- 아리스토텔레스

혹시 중저가 브랜드 전시장과 고급차 브랜드 전시장의 차이를 아는가?
다소 저렴한 브랜드 전시장의 영업사원들은 복장이나 외모에서 조금 더
평범하고 캐주얼한 느낌이 든다. 하지만 외제, 고급차 브랜드 전시장의
직원들은 정장을 말끔하게 갖춰 입는다. 그리고 무언가 다른 오라를 풍
긴다. 이는 고객들이 좀 더 대접받는 느낌을 갖게 하기 위함이다.

심지어 삼성그룹의 창업주인 고 이병철 회장은 신입사원 면접에 관상
가를 고용했었다는 설도 있다. 관상이나 외모를 잘 판단하여 좋은 기운
을 가진 용모단정한 직원을 채용하고 싶다는 의지가 강했기 때문일 것
이다.

롯데그룹은 유통, 서비스, 생필품 중심 사업이 많은데, 그래서인지 다
른 그룹사에 비해 용모가 출중한 직원이 많다고 한다. 아름다운 외모를
가진 직원들을 통해 브랜드 가치를 높이고자 하는 전략이지 싶다.

평범한 사람들도 마찬가지다. 외모에서 좋은 평가나 점수, 인상을 받으면 그 사람의 지능, 능력, 성격 등도 역시 좋게 평가하는 게 인지상정이다. 이를 심리학에서는 '후광後光 효과'라고 부른다. 이처럼 훌륭한 외모는 마치 육상선수를 남들보다 앞선 출발점에서 출발할 수 있게 만드는 최고의 기능성 신발과도 같다.

'외모지상주의'라는 말이 있다. 특히 우리나라에서는 보이는 것으로 누군가를 판단하는 경향이 강한데, 이를 영어로는 '룩키즘Lookism'이라고 한다. 즉, 누군가를 보았을 때 느껴지는 이미지를 통해 추측된 정보로 무언가를 판단하기도 하는 인간의 특성 때문이다. 어찌 보면 어리석은 인간의 일면이긴 하지만 이러한 특성을 반대로 이용할 수 있다면? 마치 남성들이 결혼을 위해, 능력 있는 남성을 좋아하는 여성의 특성을 잘 파악하고 경제력을 키우는 것처럼 말이다. 이렇듯 외모에 대한 선호도와 대다수 사람들이 원하는 매력 조건을 알고 그것을 토대로 리더십을 발휘한다면? 그 효과는 배가 될 것이다.

남성이 여성을 만날 때에도, 반대로 여성이 남성을 만날 때에도 첫인상, 즉 호감을 좌우하는 가장 큰 조건은 누가 뭐라 해도 외모다. 아무리 능력이 있고 다른 장점이 있다고 해도 일단은 상대방의 외모가 마음에 들어야 한다.

당신은 그렇지 않다고? 그건 자기기만이다. 극단적으로 말해 외모에서 호감을 얻지 못하면 외모 이외의 장점은 보여줄 수가 없다. 남자는 '능력'이라는 말도 있지만 역시나 '키 크고 인물 좋은 능력 있는 남자'는 연애에서도 늘 인기 만점이다.

조금은 독특하고 파격적인 주장일지도 모르지만 '리더라면 리더다운 외모'가 필수다. 리더십 역시 외모가 일단 중요하다는 의미인데, 나는 이를 오래전부터 느껴왔다. 같은 사업 수완을 가진 리더라면 어떤 리더가 더 호감 있게 느껴지겠는가? 잘생긴 리더인가, 못생긴 리더인가? 여자 직원뿐만 아니라 남자 직원들도 훤칠한 키에 잘생긴 리더를 더 잘 따른다.

리더나 CEO, 개인사업자로서 영업하는 순간에도 역시나 첫인상이 중요하다. 영업사원들도 어느 정도 외모를 가꾸어 고객들에게 호감을 사기 위해 부단히 노력한다. 그리고 영업을 통한 수익으로 더 자신을 가꾸어나간다. 외모지상주의를 부추기고자 하는 것이 아니라 이러한 시류를 잘 이용하면 리더로서의 외적 가치를 높여서 리더십에도 긍정적인 영향을 미칠 수 있다는 말이다.

실제로 잘생긴 리더들이 진행하는 강의는 통계상으로도 집중도가 더 높고 매출에 긍정적 영향을 준다. 온라인 강의를 하는 여성 강사들 중에도 아름다운 분들이 많지 않은가.

가끔 온라인 커뮤니티 상담 코너를 보면 남학생들이 여성 강사들의 겉모습이 너무 예뻐서 공부에 집중을 못 하거나, 오히려 그런 여성을 만나겠다고 열심히 공부하는 실제 사례도 있었다. 이렇듯 아름다운 용모를 가진 강사에게는 아무래도 더 많은 수강생들이 몰려든다. 잘생긴 남성 강사들도 역시나 인기가 많다.

잘생기고 예쁜 강사진들은 강남의 학원가에서도 흔히 볼 수 있다. 예전 대학생 시절, 나도 그런 강사들을 보면 왠지 모르게 강의를 들어보고 싶었고, 실제로 어떤 사람일지 매우 궁금했다. 주변에도 사업자들을 위한 강의를 하는 멘토가 있는데, 그 멘토 역시 정말 연예인처럼 훤칠한 키와 풍채, 용모를 가졌으며 심지어 목소리까지 좋아 여성 수강생들이 강의 후에도 그 멘토와 사진을 같이 찍기 위해서 엄청난 실랑이를 벌이기도 한다.

고등학생 시절, 나는 수려한 용모를 지녔던 한 과학 선생님을 몰래 짝사랑한 적이 있다. 역시나 다른 남학생들도 그 선생님의 관심을 끌기 위해 다소 무례한 방법을 쓰기도 했다.

군 복무 시절에는 왠지 외모가 준수한 군 간부들을 보면 설령 실제 행실이 엉망이라고 해도 단지 외모로만 봤을 때는 그렇지 않을 것 같다는 착각에 빠지곤 했다. 무언가 업무적으로도 일단 잘생기면 '저 사람은 왠지 모르게 유능할 것 같다.'는 느낌을 받기도 한다. 군대에서도 홍보를 위해 간부들이나 병사들을 모델로 삼는 경우가 있는데, 그때에도 당연히 외모가 준수한 이들이 뽑히고, 상급 부대로 갈수록 잘생기고 훤칠한 간부들이 많았다.

실제로 외모가 가진 힘은 생각보다 크다. 외모가 얼마나 사람의 마음을 사는 데 있어 중요한지 궁금한가? 그렇다면 홈쇼핑 채널을 한번 잘 살펴보길 바란다. 쇼호스트들이 얼마나 매력적인 외모로 자신을 가꾸고 당신에게 상품을 팔기 위해 설득력 있게 말하는지를 말이다.

대니얼 헤머메시Daniel. S. Hamermesh 등이 국립경제연구국에서 출간했던 논문인 〈미모와 노동시장〉에서는 '매력적인 남성의 급여는 그렇지 않은 동료에 비해 최대 10퍼센트 정도 높다.'고 이야기한다. 그만큼 외모는 리더를 리더답게 하는 중요한 요소다.

영업사원, 협상가의 실무도 테이블에서 다른 사람을 설득하거나 마음을 바꾸게 하는 최선의 방법이 무조건 논리정연하고 빈틈이 없는 말솜씨라 생각하면 그것은 오산이다. 몇몇 연구 사례에 의하면 외모만 매력적이어도 당사자의 설득력이 크게 상승한다고 한다. 사람들은 일단 예쁘고 잘생겨야 일도 잘할 것이라 기대하고 그렇게 느낀다. 다시 말해 누가 뭐래도 외모를 가꾸고 옷차림을 매력적으로 바꾸는 것은 당신이 하는 모든 업무에 대한 사람들의 평가를 높일 수 있는 치트키임이 분명하다.

픽업아티스트에서는 '아우터 게임Outer Game'이라는 용어가 있다. 내가 원하는 여성, 그 여성과의 연애나 결과를 얻기 위하여 나 자신의 현실적인 가치를 높여줄 수 있는 눈으로 보이는 것들을 의미한다. 다시 말해 연애 시장에서 더욱더 알파로서의 입지를 굳건히 하기 위해 열심히 경제력을 키우거나 재산을 늘리고, 커뮤니케이션 능력을 키우거나 스타일을 바꾸거나 성형을 하는 등 모든 노력을 말한다.

결국 사람이라면 겉으로 보이는 것으로 상대방을 판단하는 면이 있으므로, 아우터 게임 중 하나인 외모 관리를 소홀히 하면 안 된다. 잘 생각해보라.

만약 일 잘하고 말 잘하는 두 사람 중 한 사람은 잘생기고 한 사람은 그렇지 않다면, 당연히 잘생긴 사람이 선택받을 것이다. 기억하자. '같은 값이면 다홍치마'라고 하지 않던가.

# 성형에 관한 선입견에서 벗어나면
# 다른 세상이 펼쳐진다

"조금도 위험을 감수하지 않는 것이 인생에서 가장 위험한 일일 것이라 믿는다."
- 오프라 윈프리

오래전 미국에서는 사회적으로 격리수용 되었던 교도소 내의 재소자들에게 한 가지 실험을 했다. 신체적으로 결함이나 흉터 혹은 기형이 있는 재소자들을 다수의 그룹으로 나누어 관찰했다. 그런데 신체적인 결함이나 흉터 등을 가진 재소자들은 석방이 되어 사회에 나가서도 자존감을 회복하지 못했다. 그래서인지 사회에 적응이 어려웠으며 다시 재수감되는 일도 있었다. 다른 그룹은 성형수술을 받았는데 그 덕분에 그들의 자존감이 올라가 사회생활에 잘 적응하였고 재수감되는 수도 굉장히 낮게 나타났다고 한다.

과거 어느 성형외과에는 이런 일화가 있다. 예술 관련 분야에 종사하던 훌륭한 전문가 여성이 수술 상담을 위해 내원했다. 그녀는 이렇게 말했다.

"저는 학벌도 누구나 인정하는 좋은 대학교를 졸업했어요. 어린 시절부터 음악 재능은 자신이 있어서 미래에 훌륭한 음악 관련 전문가가 되기 위해 평생을 바쳐왔지요. 그런데도 '뛰는 놈 위에 나는 놈이 있다.'는 말처럼 막상 학교를 졸업하고 사회에 나오니 저의 음악적 능력과 학식을 뛰어넘는 사람들이 너무 많더라고요."

실력이 있어도 성공한 사람 몇몇을 제외하고는 인정받지 못하는 사회적인 시선에 크게 실망했지만 현실을 직시했다는 것이다. 본인이 꿈꾸던 음악적 전문가로 인정받고, 더 실용적인 음악을 하기 위하여 성형수술을 하여 더 만족스러운 외모로 미래를 바꾸고 싶다는 것이었다.

과거 내가 만났던 한 여성도 원래 매우 아름답고 지적이었으나 주변의 권유와 본인의 연예계 꿈을 위해서 성형수술을 한 다음, 전라남도 남원시에서 개최하는 한 미인 선발대회에 출전하여 우수한 성과를 거두었다. 실제로 그 여성은 평소에도 피부 관리에 굉장히 관심이 많았기에 데이트를 할 때도 미용을 위해 병원을 자주 같이 가곤 했다.

스튜어디스, 은행원, 비서, 모델 등 아무래도 접객이 많은 업종의 진출을 희망한다면 더 나은 이미지를 위해서 성형수술을 하기도 한다. 고급 살롱에서 종사하는 여성들도 자신을 지목하는 단골 고객을 확보하며 자신의 지명도를 올리고 에이스가 되기 위해서 성형하는 일은 크게 낯설지 않다.

과거 학비를 벌기 위해 주점에서 아르바이트를 하던 시절, 그곳에 종사하던 한 여성도 자신의 전신수술 비용을 모아서 성형수술을 감행했다. 이처럼 자신의 외모를 업그레이드시키고 요양까지 하고 다시 돌아왔다.

그런 그녀의 노력은 헛되지 않았다. 이후 그녀의 인기는 급상승했고 자신 있는 용모와 매력을 토대로 많은 고객을 자신의 단골로 만들었다.

실제로 우리나라는 성형수술 분야에서 전 세계적으로 최고의 기술력을 가진 것으로도 유명하다. 해외에서도 이런 기술력의 수혜를 입기 위해 여행 겸 수술을 하고자 온다. 성형수술의 메카라고 불리는 강남구 신사동이나 압구정동에 가면 해외 각지에서 오는 고객들을 유치하기 위해서 홍보에 매우 힘을 쓰고 있다.

정확한 통계는 알 수 없지만 국민 1천 명당 성형수술을 가장 많이 한 나라가 우리나라였던 적이 있다. 다른 사람의 시선을 의식하는 우리나라의 국민성이 반영된 결과이기도 하다. 아무튼 이제는 성형수술에 대해 마냥 비판적인 시각으로 배척할 필요는 없는 시대다. 사랑받기 위해, 선택받기 위해, 존중받기 위해, 인정받기 위해 하는 한 가지의 대안일 뿐이다.

리더라면 고객들에게 선택받고 직원들에게도 인정받는 자리에 있다. 그런데 자신의 외모가 객관적으로 부족하다 싶으면 성형으로 단점을 극복하는 것도 좋은 대안이 아닐까? 이렇게 기술이 좋은 나라에 살면서 왜 그저 마다하는가. 리더로서, 알파로서 한층 더 나은 삶과 업무적 성과를 원한다면, 극적인 외모의 변화를 원한다면 성형도 긍정적인 방법 중 하나라는 의미다.

성형은 이제 '열심히 살아온 자신에게 주는 선물' 혹은 '더 나은 미래를 위한 투자'의 수단이다. 단지 성형수술로 인해 비난당하는 사람들은 대부분 과유불급이라는 말을 실천하지 못해서다.

앞서 말했듯 성형수술은 이제 우리나라에서는 특별한 일도 아니다. 오죽하면 하루 몇 분만 투자하면 시술이 끝날 정도로 일상 속에 가까이 다가왔다. 기술력의 발달로 과장된 두려움도 많이 사라진 추세다. 그래서인지 과도한 시술로 인해 오히려 과거보다 얼굴을 망쳐버린 일도 흔하다. 성형을 하기 전 각자 타고난 얼굴의 형태나 특징 등을 다양하게 분석하여 조화로움을 우선시해야 한다.

성형외과 전문의들도 항상 성형을 준비하는 사람들에게 이렇게 이야기하곤 한다.

"과도한 성형은 마치 과도한 대출과도 같아서 오히려 독이 되어 나에게 돌아올 수 있습니다."

그러므로 무엇이든지 적당히 장점만 얻을 정도로 투자하는 것이 좋다.

과거 성형수술로 인해 인생이 역전된 어느 얼굴 없는 여가수의 이야기를 그렸던 한 영화가 있다. 바로 김아중, 주진모 주연의 〈미녀는 괴로워〉인데, 볼품없고 뚱뚱하며 못생긴 주인공은 성형수술을 통해 바뀐 외모로 자신의 꿈과 사랑을 모두 얻었다. 이 영화는 650만 명 관객 수를 기록하는 흥행을 거뒀으며, 많은 여성들의 외모 콤플렉스에 대한 대리만족과 꿈 그리고 희망과 공감을 자아냈다.

영화이기 때문에 극적인 면이 부각되긴 했지만, 성형을 외모 콤플렉스나 단점을 극복할 수 있는 정도로 활용한다면 외모에서 강력한 시너지 효과를 낼 수 있게 된다. 하지만 본인의 욕심으로 인해서 과도한 쌍

꺼풀이나 높기만 한 콧대를 만들게 되면 이는 조화롭지 않을 수 있다. 실제로 지인 중 한 사람은 콧대에 실리콘을 과도하게 넣었다가 다시 빼 버리기도 했다. 막상 높게 해보니 자연스러움이 너무 사라져버리는 바 람에 오히려 안 했을 때보다 못했기 때문이다.

세상에 완벽한 만족은 없다. 실제로 성형을 해도 마찬가지다. 그래서 알파이자 리더를 추구한다면 자신의 외모를 잘 분석하고 장단점을 파악 하여 과도하지 않게 성형수술을 지혜롭게 활용하는 것도 좋다.

'리더라면 돈을 벌고 회사를 성장시키며 매출을 증대시키는 것이 목 적이지 성형은 무슨……'

아직도 여전히 이렇게 생각하고 있는가. 물론 리더의 가장 큰 역할은 변함이 없다. 그러나 CEO, 리더는 회사의 얼굴이자 간판이며 최고이자 1등 영업사원이지 않은가. 리더라면 회사의 성장을 위해서 일을 추진하 거나 인맥 관리도 해야 하지만, 대외적으로 나 자신 그리고 회사를 알리 기 위한 얼굴 그 자체임을 늘 기억해야 한다.

# 여자 직원을 외모로
# 평가하면 안 되는 이유

예쁜 직원들만 특별히 대우하거나, 또는 그렇지 않은 여직원들을 차별하는 남성은 결국 모두로부터 미움받게 된다. 그러므로 예쁘거나 그렇지 않은 여성들에게 일관되게 대우해야 한다. 그 어느 쪽에도 치우치지 않게 말이다.

또한 과도하게 여성을 밝히는 남성 리더가 예쁜 여직원들을 티나게 총애하거나 그녀들에게만 기회나 승진에 대한 혜택을 준다고 생각해보자. 알파 메일 남성 리더는 결코 채홍사(採紅使)의 리더가 아니다. 평범한 여직원이 예쁜 여직원보다 업무가 뛰어나다면 당연히 그 여성이 더 인정받아야 할 것이고, 이런 직원에게 기회를 주어야 한다. 회사나 조직을 연애하기 위한 사교모임이나 그러한 장소로 만들자는 것이 아니다. 충성심과 호감을 얻어 자신을 따르게 하는 것이 우리의 목표라는 것을 상기해야 한다. 만약 이런 외모나 용모에 따른 대우가 다르다면 그런 것을 여성들은 실로 민감하게 받아들인다. 이것을 남녀, 반대의 입장에서 생각해보면 과연 어떨까?

만약 여직원들이 삼삼오오 모여서 잘생긴 남성이나 직원들을 비정상적으로 좋아하는 모습을 대놓고 티 내면서 좋아하고 못생긴 남성이나 남직원들은 혐오스럽게 바라본다면 당신은 어떻게 생각할 것인가? 당연히 '뭐야! 사람을 얼굴로 판단하는 어이없는 사람이군!'이라며 기분 나빠할 것이 틀림없다. 그리고 잘생긴 남성 쪽도 기분이 썩 유쾌하진 않을 것이다. 정말 짜증 나고 재수 없는 여자 취급을 하지 않겠는가. 입장을 바꿔보니 조금 이해가 가는가?

세상의 모든 일은 역지사지의 자세로 생각해야 한다. 외모로만 여성을 판단하고 대해서는 안 된다. 예를 들어 예쁜 여직원들에게 "안녕! 좋은 하루! 오늘도 힘냅시다!" 이렇게 말하면 완전히 같은 표정과 분위기로 평범한 여직원들에게도 동일하게 말해야 한다. 한마디로 차별은 금물이다.

용모에 대해 차별하지 않는 것의 중요성을 인지해야 한다. 이해하는 것만으로는 안 된다. 지속적인 인지와 행동을 통해서 습관과 천성으로 만들어야 한다. 만약 당신이 미인만 탐하는 남성이라면, 미인이 아닐 경우 적당하게 다루어버리는 버릇이 있을지도 모른다. 설령 그러한 경우라도 되도록 모든 여성에게 동일하게 말을 걸고, 평등하게 대해야 한다. 이런 태도야말로 당신의 용모와 상관없이 모범적이고 건실하며 흘륭하고 좋은 남성 리더로 보이게 할 것이다.

# 향기로운 리더가 발휘하는
# 좀 더 매력적인 리더십

♞

**"용모는 결코 거짓말을 하지 않는다."**
- H. 발자크

"일할 때와 운동할 때 어울리는 향수를 가려 뿌리는 남성에게서 매력을 느껴요."

이는 로레알L'Oreal 향수사업부의 한 여자 직원이 실제 설문조사에서 한 말이다. 사실 향수는 단지 여성만의 전유물이 아닌데, 많은 남성들이 잘 활용하지 못하는 아이템 중 하나다. 남성 향수는 여성에게 호감을 얻는 수단을 초월하여 자신을 독자적으로나 개성적으로 드러내는 아이덴티티다.

대학생 시절, 필자는 학비와 생활비를 벌기 위해 아르바이트로 대리운전을 한 적이 있었다. 대리운전은 잠깐 하는 일이기도 하고 힘든 일이기도 한 서비스 업종인지라 진입장벽이 낮아서인지 허드렛일로 치부하는 세간의 시선도 있다. 하지만 그런 건 중요하지 않았다. 이왕 하는 일이라면 온 힘을 다하고자 했다. 댄디한 느낌에 단정한 헤어스타일, 옷차림도 말끔하게, 늘 향수를 은은하게 뿌리곤 했다. 예전부터 향수를 '제2의 패션, 보이지 않는 옷'이라고 여겼기 때문이다. 그래서 종종 상황과 장소에 따라 향수를 바꾸는데, 이런 나의 태도 때문인지는 몰라도 손님들의 반응은 늘 좋았고, 팁까지 받을 때도 있었다. 특히 여성 손님들의 반응이 유독 좋았는데, 20~30대 여성들의 호응도가 높았다. 심지어는 중·노년층 여성들도 "젊고 말끔하고 훤칠한 남성이 운전해주니 자신이 마치 영부인이 된 느낌이네요."라며 칭찬해주시곤 했다.

'옷이 날개'라는 말도 있지 않은가. 앞서 말했듯 향수는 보이지 않는 옷과 같다. 확실히 데이트를 할 때에도 향수를 약간 뿌릴 때와 뿌리지 않을 때의 차이는 미세하게 드러난다.

사람의 오감 중 가장 예민한 곳이 후각인데, 그만큼 코를 자극하는 향기는 그 어떤 것들보다 사람의 기억 속에 오랫동안 머무른다. 잘못 사용하면 역효과가 나긴 하지만.

오래전 나이트클럽에 간 적이 있었다. 거기서 만났던 한 여성은 깔끔한 정장 차림이었는데, 향수를 너무 지나치게 뿌려 역겨운 느낌이 들었다. 게다가 대화를 하는 순간 건강 탓이었는지 구취가 너무 심해서 그 매력이 심히 반감되어버렸다. 아마도 건강이 안 좋았던 것이었겠지만, 외모에 반했던 마음은 구취로 인해 얼마 되지 않아 온데간데없이 사라져버렸다.

이렇듯 사람은 냄새에 매우 민감하다. 만약 당신이 다양한 스타일의 여자 직원들과 일해야 한다면, 그리고 그녀들과 같은 공간에서 생활해야 한다면? 이왕이면 당신에게 호감을 느끼게 해야 하지 않겠는가. 그런데 그녀들이 당신의 냄새로 고민한다면 그것도 참 어처구니없는 일이 아니겠는가. 구취나 체취로 가까이하고 싶지만 가까이할 수 없는 상사가 되어버릴 수도 있다. 평소에 좋은 향수를 올바르게 뿌리고 구취제거제를 사용하여 자신의 향기를 잘 관리하기 바란다.

꽃은 향기로 꿀벌을 모여들게 한다. 이처럼 당신의 향기에도 여자 직원들은 민감하게 반응한다. 이는 어렵지 않다. 평소에 좋은 향수를 은은하게 뿌리거나, 보디로션이나 보디샴푸, 자신의 옷을 세탁할 때 쓰는 섬유유연제에도 신경을 쓰면 된다. "넌 향수를 뿌리지 않는데도 무언가 마음이 포근해지는 향기가 나는걸."이라고 예전에 친구들이 말하곤 했다. 그 이유를 곰곰이 생각해보니 세탁할 때 넣었던 섬유유연제의 향이나 그 밖에도 비누와 샴푸 등의 향기가 은근하게 풍겼던 것이었다.

웹상에서 향수 관련 쇼핑을 하다 보면 페로몬에 관련된 광고나 상품을 볼 수 있다. 실제로 페로몬 향수는 사람의 기분을 좋게 해주는 효과가 있어서 특히 영업이나 비즈니스를 하는 사람들의 매출과 이익을 높이는 데에도 긍정적인 영향을 준다. 주변에도 자동차, 보험 영업을 하는 이들이 페로몬 향수를 사용한 결과, 향수를 뿌렸을 때 고객들에게 더 관심과 호감을 유도하여 매출 증대에 효과가 있었다고 한다.

모성애를 자극하고 싶다면 베이비파우더 향을 느끼게 해주는 섬유유연제나 향수를 사용하거나, 무언가 강렬한 자극을 주고 싶다면 그런 느낌이 드는 향수를 사용하도록 한다. 향수 사용의 선택은 자유다. 능력

좋은 상사와 리더의 이미지를 넘어 인간적인 매력, 향기로운 리더의 느낌을 더하면 어떨까. 단, 과도한 향수 사용은 오히려 역효과를 내니 그 점만큼은 유의하길 바란다.

# 오라가 느껴지는
# 리더가 되는 법

"외모가 인간을 만들지는 못하는 것이다.
그러나 적어도 눈에 비치는 전부는 그것으로 형성되는 것이다."
- D. 카네기

명품을 들거나 입었지만 왠지 모르게 어울리지 않고 겉도는 느낌이 드는 사람이 있는가 하면, 저가 브랜드 티셔츠를 입고 운동화 차림에 청바지를 입어도 맵시가 나는 이도 있다. 이들의 차이는 무엇일까? 바로 사람의 자태나 느낌, 인상은 쉽게 바꿀 수 없어서 오라의 차이가 겉으로 뿜어져나오기 때문이다. 그래서 더더욱 아무에게나 느낄 수 없는 것이 바로 소위 말하는 '우아한 자태', 일명 '귀태'다.

과거 대기업 한진 일가에서 일어났던 일명 '물컵 갑질과 땅콩 회항 사건'을 기억하는가. 비행기에서 재벌가의 자녀가 땅콩 회항을 요구하고 거침없이 욕을 내뱉거나 수행기사에게 무자비한 폭력을 가했던 일이다. 아무리 명품으로 차려입고 돈이 많거나 화려한 자태를 지녔어도 행동이 가볍고 방정맞거나, 말을 거칠게 하면 기품은 전혀 느껴지지 않는다. 돈이 많아도 품위 있는 행동, 언행, 가치관, 성격 등이 올바르게 형성되지 않는다면 단지 부자일 뿐, 우아함이나 고상함과는 거리가 멀어진다.

'노블리스 오블리주'는 사회적으로 성공이나 명성을 얻은 고귀한 신분의 사람일수록 사회에 책임이 따르며 공헌할 줄 알아야 한다는 의미다. 1808년, 프랑스의 정치가였던 피에르 마르크Pierre Marc가 처음 사용하였는데, '높은 사회적 신분에 상응하는 도덕적인 의무'를 의미한다. 소위 성공한 부자들이나 기업가들은 평소 독서로 교양을 쌓는다고 한다. 그런 지식과 교양으로서 소양을 쌓고 겸손과 도덕, 윤리 등을 얻는다. 그러한 학식과 지식 등을 토대로 자신의 삶을 펼쳐나간다.

마흔 살이 넘으면 자신의 얼굴에 책임을 져야 한다는 말이 있다. 앞서 언급한 성형을 통해 긍정적으로 변한 외모도 중요하지만, 내실을 가꾸지 않는다면 아름다운 외모는 오히려 독이 될 것이다. 품격 있는 언행과 예의 바른 행동이야말로 리더로서 갖추어야 할 덕목이니 말이다.

진짜 우아함은 깔끔함에서 시작된다. 어느 건설 시행사 대표님 내외는 집 안을 늘 깨끗하게 유지하는 것은 기본이고, 옷차림도 스타일과 유행에 관계없이 늘 산뜻한 차림이다. 그래서인지 기품이 느껴진다. 평소 주변이 청결하고 정갈하며 깔끔함에 대한 오랜 철학과 노력이 늘 생활화된 까닭인지 그분이 가진 부의 크기와는 관계없이 귀티가 나고 그분들만의 오라를 느낄 수 있다. 지인들도 그 대표님 내외를 보면 어딘가 모르게 기품이 느껴진다는 말을 종종 했다.

특히 그 대표님이 나에게 강조했던 한 가지는 바로 '바른 자세'다. 어깨를 꼿꼿이 펴고 당당한 자세를 늘 유지하라는 것이다. 무엇보다도 팔

자걸음으로 걷지 말라고 하셨다. 이는 한두 번 대충 노력해서는 극복할 수 없고 오랜 시간 체화되어야 그 진가를 발휘한다. 커피 한 잔을 마시거나 집 안 청소를 할 때, 혹은 독서하는 순간에도 한 사람의 기품은 자연스럽게 느껴지는데 이는 몸에 익으려면 시간이 필요한 일이다.

말투나 화법도 기품을 구성하는 중요한 요소다. 아주 예쁘고 잘생겼어도 허세를 부리거나, 돈이 많더라도 입만 열면 거친 표현과 누군가를 꼭 헐뜯거나 뒷담화를 한다면 과연 기품이 생길 수 있을까?

실제로 예전에 알았던 한 지인의 부인은 정말 웬만한 연예인이 질투하고 부러워할 정도의 절세 미인이었다. 하지만 과격하고 욱하는 다혈질 성격을 제어하지 못해서 욕설이 난무하곤 하였고, 결국 지인은 이혼을 했다. '외모가 예쁜들 무엇하랴.'라는 말이 들어맞는 상황이랄까. 반대로 외모는 화려하거나 예쁘지 않더라도 말투나 화법에서 단정하거나 세련되어 호감이 가는 여성도 있다. 이것은 남성, 여성이 동성을 상대할 때에도 동일하다. 나이가 들수록 말투만 봐도 그 사람의 교양과 품격의 정도가 느껴진다.

"말은 깔끔해야 귀티가 난다. 흙탕물 같은 군말이 섞이면 안 된다."

이는 중국 남송시대의 문학평론가인 엄우嚴羽가 쓴 《창랑시화滄浪詩話》에 나오는 문구다. 유행을 따르거나 명품을 입지 않아도 패션에 대한 소신이 있고 자신만의 스타일로 잘 소화해내는 이들 중에는 귀티가 나는 이들이 많다. 하지만 분별력도 없고 상황에도 맞지 않게 명품으로 차려입거나 그 사람에게 어울리지 않는다면 오히려 역효과가 난다. 이처럼 차림새에 따라 느낌이 달라지는 건 외모를 통해 내면과 소신, 인생의 철학이 표출되기 때문이다.

명품이 사람의 분위기를 바꾸는 데에는 한계가 있다. 리더라면 이렇듯 눈에 보이지 않는 내면을 먼저 가꾸어야 한다. '가장 중요한 것은 눈에 보이지 않는다.'라는 말처럼 명품이나 비싼 장신구로 대체할 수 없는 것이 바로 귀한 자태다. 계속 말하지만 귀한 자태는 그 특정한 사람에게 있어 보이지 않는 내면의 힘으로부터 비롯된다. 명품만으로는 연출할 수 없는 귀한 자태를 위해 당신은 지금 어떤 노력을 기울이고 있는가.

# 리더는
# 자기 계발에서도 앞서 나간다

"남성에게 있어서의 지적인 풍모는 가장 자만(自慢)이
강한 무리들이 열망하는 미의 형식이다."
- J. 라 브뤼예르

한때 성형외과에서 가능한 미용 시술 등 미용 관련 자기 관리의 모든 것
은 여성의 전유물로 여겼다. 단지 남성은 돈을 많이 벌고 능력이 있으면
그것만으로 인정받았다. 비싼 차를 타거나 명품으로 차려입으면 된다고
했던 시절도 있었다. 이로는 부를 과시할 수는 있어도 귀한 자태와는 거
리가 멀지 않은가. 지금은 남성도 화장품에 신경 쓰고 옷차림도 관리하
는 등 자기 관리를 하는 시대다.

한 왁싱숍의 사장님에 따르면, 과거 왁싱 혹은 제모 시술은 깔끔함과
위생 관리를 원하는 여성들이 고객의 대부분이었다고 한다. 하지만 세
월이 지나고 트렌드가 변하면서 서서히 남성들도 관리에 관심을 가지게
되었고, 눈썹이나 체모 왁싱뿐만 아니라 브라질리언 왁싱이나 영구적
제모를 하는 남성들도 많다.

깔끔함을 원하는 남성은 자신의 직업적 이미지나 외모 관리를 위해서

병원에서 케어를 받는다. 남자의 외모는 평균적으로 20대 후반에서 30대 초반부터 다소 쇠퇴하는 경향이 있다. 그러므로 피부에 트러블이 있다면 그에 알맞은 시술을 받는 것도 좋다. 색소 레이저, IPL, 프락셔널 레이저, 혈관 레이저 등 방법은 다양하다. 시간이 오래 걸리고 리스크가 큰 수술적인 방법이 아니라, 흉터가 거의 생기지 않고 시술 시간이 짧아서 간편하게 관리할 수 있는 장점이 있다. 피부 결이 좋지 않더라도 이러한 관리로 충분히 극복할 수 있다.

피부는 물론이고 치아 관리도 굉장히 중요하다. 초등학교 동창 중에 얼굴은 호감형이었는데, 치아 관리를 유독 안 하던 아이가 있었다. 당시 깨끗하지 않았던 그 아이의 구강 상태 때문에 이야기하기도 좀 싫었던 기억이 있다. 이처럼 어리더라도 외적인 것에 나름대로의 기준을 가지고 판단하게 된다. 그 친구는 나에게 특별히 잘못한 일이 없었지만 단지 구강 상태가 청결하지 않았던 그 이유 때문에 선입견이 생기고 외면당했던 것이다.

20대 중반, 어느 봄날 소개팅을 하게 되었다. 첫 만남은 카페에서 가졌는데 갑자기 그 여성이 내가 마음에 들었는지 술 한잔을 하자고 제안했다. 지적인 느낌의 그 여성은 아름다운 외모를 지니고 있었다. 하지만 그 이미지를 망치는 치명적인 단점이 있었는데, 바로 구취였다. 치아 관리가 서툴렀던 것인지, 아니면 과도한 흡연으로 인한 것인지 정확히 알 수는 없었지만, 그녀의 세련되고 예쁜 외모를 뛰어넘는 단점 탓에 빨리 그 자리에서 벗어나고 싶은 심정이었다.

구강 관리는 굉장히 중요하다. 구취도 그렇지만 치아 색도 관리해야 한다. 정말 하얗고 투명한 수준까지는 아니더라도 누런 치아만큼은 피해야 한다. 방금 말했듯이 아무리 몸매가 좋고 아름다운 여성이라도 구강 관리가 안 되어 있으면 이성으로서의 매력은커녕 다시는 만나고 싶지 않다. 그러므로 과도한 커피 섭취나 흡연은 금물이다. 나 역시도 이러한 이유로 담배를 피우지 않는다. 혹시라도 자신이 치아 미백에 좋지 않은 음식이나 기호식품을 자주 섭취한다고 느낀다면 곧바로 양치하는 습관을 기르고 미백 치약을 사용하거나 그런 기호식품은 과감히 끊길 바란다.

아직도 '남자가 무슨 관리야. 남자는 능력이지.'라고 꼰대처럼 생각하지는 않는가. 능력은 기본이고, 미적인 관리는 필수다. 있는 그대로의 모습을 사랑해주길 바란다면 그것도 당신의 과도한 욕심이다. 선물을 할 때 왜 아름답게 포장을 하는 것일까? 그 속에 그 어떤 명품이 있다고 한들 선물 상자가 허름하면 아무래도 그 가치는 크게 반감된다. 내용물이 명품인 것을 전혀 모른다는 가정하에 말이다.

만약 당신이 그동안 외모에 관심을 두지 못했지만, 능력과 여러 가지 가치를 쌓았다면 이제는 그것을 더 잘 드러내기 위해서라도 외모를 가꾸기 바란다. 자신을 잘 꾸미고 관리하기 위해서는 부지런해야 한다. 당신의 부지런함을 스스로 인정한다면 이미 당신은 자기 계발을 잘하고 있는 중이다. 관리로 오랜 시간 동안 긍정적인 이미지가 쌓인다면 당신의 업무 능력이나 사업 수완과 더불어 당신의 평가에 플러스 요인으로 작용하게 된다.

혹시 미용실이나 뷰티숍에서 패션 관련 잡지를 본 경험이 있는가? 사람이 태어나서 죽을 때까지 평생 공부를 하는 것처럼, 꾸밈에도 평생 공부는 필수다. 나이 들어서도 관리한다는 게 무슨 소용인가 싶겠지만 그런 과정 속에서 얻는 자존감 확립과 자기 만족감은 삶에 생동감을 준다. 이처럼 자기 관리는 사소해 보이지만 실천했을 때와 그렇지 않았을 때 엄청나게 다른 결과를 가져온다. 그동안 크게 관심이 없었다면 일단 실천하기 쉬운 것부터 하나씩 시작하자. 자기 관리는 인생의 선순환을 선택하는 그 시작이다.

# 리더의 에너지를
# 완성하는 그곳

♟

"겉모양이 안의 사람을 나타낸다. 우리는 껍질을 벗기기 전에 과육(果肉)을 상상한다."
- O. W. 홈스

"그녀의 코가 1센티미터만 낮았다면 지구의 모든 표면이 변했을 것이다."

이는 클레오파트라를 두고 블레즈 파스칼Blaise Pascal이 남긴 말이다. 많은 이들이 알고 있듯 알파 피메일의 효시이자 엄청난 미인인 클레오파트라의 코 1센티미터 높이만으로도 세계에 큰 변화를 줄 수 있었다고 들 한다.

이처럼 남성이나 여성 모두 코는 외모에 있어 매우 중요한 요소다. 특히 남성에게는 더욱 그러하다. "남자는 코만 잘생겨도, 여자는 눈만 예뻐도 훨씬 더 멋져 보인다."라는 말도 있지 않은가. 코는 얼굴의 중심이기도 하고 가운데에 위치하여 인상을 좌우한다. 보통 얼굴을 위에서 아래까지 3등분으로 나눴을 때 코는 중간에 해당하며, 남자가 경제적으로 가장 풍요롭고 출세와 성공이 절정에 다다르는 사회생활을 시작하는 30

대부터 절정인 60대까지를 의미한다. 실력과 운이 같이 작용하여 20대에 성공을 이루는 경우도 있지만 보통 남성 CEO들이나 리더 혹은 알파라 하는 사람들은 대부분 이 연령대다.

외형적으로도 중요하지만 코는 관상학적으로도 매우 중요한 요소다. 심지어 많은 중년 남성들이 자신의 외적 관리 겸 자신의 관상학적인 장점을 살리고 자신의 운을 바꾸기 위해 성형외과에 가서 코 수술에 대해 상담하기도 하며 실제로 시술을 받기도 한다.

웹상에 유머 코드로 돌고 있는 사진들 중에는 남자 연예인들의 콧대를 포토샵으로 수정하여 약간 낮춘 것이 있다. 그런 사진을 보면 충분히 잘생겼지만 코의 높이 하나만으로도 외모의 수준이 확실히 떨어져 보여 놀라울 따름이었다. 사실 코가 낮으면 얼굴의 입체감이 사라지며 이목구비도 조금 흐릿해 보인다. 따라서 코는 이목구비 전체를 살리는 효과가 있다. 이마와 코, 턱 세 가지가 같이 이루는 라인이 조화를 이루지 못하면 굉장히 볼품없거나 거칠고 투박한 인상이 되기 쉽다.

어느 성형외과에서는 다수의 여성들을 대상으로 남성의 얼굴에서 가장 중요한 부위라고 생각되는 곳이 어디인지 묻는 설문조사가 있었는데, 응답자의 절반 이상이 남성의 얼굴에서 가장 중요한 부위를 '코'라고 답했다.

과거 허영만 화백은 《꼴》이라는 책에서 '콧대는 얼굴의 기둥'이라고 표현했다. 코는 관상학적으로 재물을 의미하기도 하는데, 콧대가 바르게 뻗어 있으면 정상적인 루트로 금전이 들어오며, 콧대가 삐뚤삐뚤하면 비정상적인 금전이 들어온다고 한다. 코가 휘거나 삐뚤어진 형태이면 남성에게 중요한 장기 중 하나이며 노폐물을 걸러주는 신장, 방광 혹은 전립선 쪽이 안 좋다고 한다. 이처럼 코는 바로 인생의 기둥인 셈이며, 남성 리더나 알파들에게 관상적으로 가장 중요한 부위다.

통계학적으로도 대체적으로 성공한 이들 중에는 콧대가 높은 경우가 많다. 콧대는 한 사람의 프라이드이며, 콧대가 높고 콧방울이 큰 이들은 재물복도 많다. 복코라 하는 것은 크고 예쁘장한 콧대에 둥그스름한 코끝, 콧방울이 조화로운 코를 말한다. 속담에도 "코가 잘생긴 거지는 없다."라는 말이 있듯이 확실히 잘생긴 코를 가지고 경제적으로 못사는 일은 드물다고 한다.

한때 '얼짱'이라는 키워드가 선풍적인 인기를 끌었던 적이 있다. 그 시절 잠시 유행했던 '신림동 꽃거지'와 '중국 꽃거지'라는 말이 있다. 얼마나 외모 열풍이 대단했기에 거지조차 꽃거지라고 불렀던 것인가. 나도 그 키워드를 검색한 적이 있는데, 일단 그의 신분과 패션, 머리스타일 등 모든 것을 제외하고 단순히 코만 보았을 때는 '정말 잘생긴 코가 따로 없다.'고 생각했다. 실제로 그는 미남 걸인으로서 한 의류 브랜드의 상하이 신규 제품 발표 기자회견장에 광고 포스터 모델로 등장했다. 이런 일화에서 보듯이 코가 잘생긴 거지는 정말 드문가 보다.

이렇게 얼굴 하나로, 그것도 콧대 하나로 인생을 바꾸기도 한다. 바로 섹시한 체포 머그샷으로도 유명했던 범죄자 '제레미 믹스Jeremy Ray Meeks' 가 그러하다. 2014년 6월, 불법 무기 소지로 구속되었던 그는 머그샷으로 큰 화제가 되었다. 캘리포니아주 스톡턴 경찰 페이스북에 그의 머그 샷이 공개되었는데, 놀랍게도 수만 번의 '좋아요'를 기록하여 역대 가장 섹시한 범죄자로 많은 사람들의 인기를 얻었다고 한다. 그는 징역 2년 3개월의 형을 선고받았으나 본의 아니게 얻게 된 인기로 모범수로 선정되어 조기 출소하였고, 연예기획사인 '화이트 크로스 매니지먼트'와 계약했다. 실제로 그는 매끈하고 반듯하게 뻗어 있는 콧대를 가졌다. 이렇듯 걸인이며 범죄자였지만 자신의 외모 하나만으로 인생을 바꾼 것이다.

이미 아름답고 탐스럽고 큰 콧대를 가진 사람으로서 그에 걸맞은 인생을 살아간다면 정말 좋은 일이지만, 모든 사람들의 코는 각자의 개성과 유전자에 따라 다른 법이니 각자 자신이 처한 위치에 맞게 관리하면 된다. 사회적으로 소외받는 계층조차도 외모 하나로 사회적으로 집중받을 수가 있는데 하물며 알파 메일, CEO, 리더를 꿈꾸는 이가 자신의 능력에 덤으로 플러스 알파로서 외모와 콧대가 잘 갖춰진다면 어떠한 효과가 일어날까?

필자는 30대 초반이지만, 학교에서나 사회에 나와서 만났던 이들 중 남자와 여자를 불문하고 코가 잘생긴 경우 대부분 자신의 일에 있어서도 프로페셔널했다. 주변에서도 많은 사랑과 인정을 받았다. 한 후배는 학생이었지만 1억 원대의 벤츠를 타고 학교에 다니며 자신의 애견숍과 PC방을 소유할 정도로 돈 많은 집 아들이었는데, 두툼하고 뚜렷하며 잘 뻗은 코 뿌리부터 코끝까지 코 하나만큼은 정말 잘생겼었다.

내가 태어나 처음 짝사랑했던 여성도 비록 그 당시에는 고등학생 신분이었지만 전교에서 코 하나만큼은 예쁘고 매력적이어서 소문이 자자했다. 실제로 지역에서 알아주는 집안의 딸이었으며, 그녀는 대학 졸업 후 항공 승무원으로 활동했다. 이처럼 잘생긴 코는 인생을 지탱해주는 기둥과도 같은 역할을 한다. 혹시라도 자신의 코에 만족하지 않는다면 이에 대해 다시 고민해보고 시술이건 성형이건 할 수 있는 노력을 기울여보자. 리더로서의 길도 보다 탄탄해질 것이다.

# 남자의 머리는
# 왕관과도 같다

♟

**"상대방의 마음을 사로잡으려면 세련된 몸가짐이 필요하다."**

- 그라시안

일제 강점기에 유명한 길거리 갱단의 알파 메일이었던 김두한. 그는 언제나 포마드로 단정하게 머리를 넘기고 다녔다. 그리고 "남자의 머리는 왕관과도 같다."라는 명언을 남겼다. 한번 그의 과거 사진을 찾아보기 바란다. 소위 말하는 '간지가 제대로다.'

과거 유명한 마피아들이나 알 카포네 영화 〈대부〉의 비토 콜레오네, 영화배우 크리스찬 베일, 잉글랜드의 축구선수 조던 빅포드, 해리포터 시리즈의 드레이코 말포이나 과거 구 유고슬라비아의 축구선수 프레드락 미야토비치 등도 늘 잘 넘긴 단정한 헤어스타일을 했다. 프레드락 미야토비치의 헤어스타일을 볼 때마다 마치 무게감 있는 마피아 두목과 같은 강한 카리스마를 느끼곤 했다. 실제로도 그는 축구계의 알파 메일로 활약했는데 1997년 발롱도르 2위에 오르고, 2006년부터 2009년까지 레알마드리드 단장직을 맡았다.

최근에는 남성들 사이에서 헤어살롱이나 미용실뿐만 아니라 소위 '바버숍Barbershop'이라 불리는 서양식 원조 전통 이발소 문화가 다시 유행 중이다. 과거에는 이발소라 하면 굉장히 나이 지긋한 어르신들이 이용하는 곳으로만 여겨졌는데, 이런 이발소와는 다른 전통적이며 서구적인 바버숍이 등장했다. 20대부터 60대 많은 남성들의 성지가 된 바버숍은 과거 이발소와 비슷한 형태이지만 남성들의 체형과 얼굴형에 맞는 맞춤형 서비스를 한다. 오래된 이발소에는 이발 장인들이 있지만, 최신 유행의 헤어스타일을 원한다면 다소 젊은 바버에게 머리스타일을 맡겨보는 것도 좋다.

대표적인 바버숍 헤어스타일인, 과거 제2차 세계대전을 배경으로 전차병 연기를 펼쳤던 영화 〈퓨리〉의 브래드 피트 헤어스타일인 슬릭 백이나 하이 앤 타이트, 마치 미군의 단정한 스타일을 연상시키는 버즈 컷 등 스타일도 정말 다양하다.

바버숍의 등장으로 알파 메일의 멋스러운 헤어스타일을 연출하기가 쉬워졌다. 심지어 바버숍 내에서 위스키를 즐기기도 하고, 시가를 한 대 피우거나 당구를 즐기기도 한다. 그런데 한 가지 고려할 점이 있다. 원래 바버숍이라는 문화는 서양에서 왔고, 서양인의 두상과 모질을 토대로 개발된 문화다. 어쩌면 몇몇 선택받은 유전자를 가진 동양인이 아니라면 바버숍 스타일을 자연스럽게 연출해내기는 다소 무리일 수도 있다. 이것은 얼굴의 잘생김과 못생김의 차이와는 전혀 상관이 없다. 동양인과 서양인의 모질과 모발의 밀도 특성, 심지어 두상이 너무나도 차이가 나기 때문이다.

　필자는 전형적인 동양인의 두상과 모발을 가지고 있다. 따라서 나의 입장을 토대로 알파다운 헤어스타일을 스스로 관리할 수 있는 방법을 설명하겠다. 일단 자신의 모질과 모발의 특성, 더불어 유전에 대해 잘 분석해야 한다. 동양인은 서양인과 두상 차이가 있는데, 동양인은 앞뒤로 짧고 옆으로 퍼진 두상이 많다. 서양인은 두상이 앞뒤로 길고 옆은 잘 부각되지 않는다. 대체로 서양인은 장두형, 동양인은 단두형이라고 이야기한다. 아마도 헤어스타일에 관심이 많거나 짧은 바버숍 헤어스타일이나 옆, 뒤로 바짝 올려 치는 헤어스타일을 자주 연출해보았다면 금방 이해할 것이다. 무엇인가 서양인에 비해 2퍼센트 부족한 느낌이거나 모발 또는 모질이 서양인과 동일한 연출은커녕 머리가 자랄 때에는 굉장히 정리가 안 되고 지저분한 느낌을 받았을 것이다. 개인차는 있지만 말이다.

　서양인은 모발이 얇은 편인데 동양인은 모발이 굵고 머리카락이 뜨거나 억세다. 모발의 개수와 밀도 역시도 다른데 동양인의 모발 개수는 평균 7만~8만 개이며 모발이 굵고 밀도는 낮다. 반면 서양인의 모발 개수는 10만~12만 개이며 모발이 얇고 밀도가 높다. 결론적으로 서양인이 동양인보다 모발 수와 밀도가 훨씬 많으며 높다. 보통 동양인은 서양인과 두상도 달라서 바버숍이나 미용실에 있는 서양인들의 헤어스타일을 함부로 따라 하면 유전적 차이로 그만큼 스타일리시한 느낌이 들지 않는다. 그래서 다수의 헤어숍이나 바버숍에서는 질 좋은 포마드를 발라

주거나 다운펌 시술을 해준다. 전형적인 동양인의 모발, 모질을 가진 이들도 '다운펌'을 통해 서양인의 바버숍 스타일을 연출하곤 한다. 나도 예전에 몇 번 시도해본 적이 있었지만 유전적 차이는 극복할 수가 없었다.

그렇다면 자신에게 맞는 헤어스타일을 잘 연출하려면 어떻게 해야 할까? 앞서 말한 것처럼 크게 두 가지로 나눌 수 있다. 만약 전형적인 뜨고 억센 동양인 모발을 가지고 있다면 바버숍에서 스타일링을 할 경우 '다운펌'을 적극적으로 활용하거나, 전문가에게 모발과 모질에 대해 잘 상담을 받아 자신에게 맞는 헤어스타일로 연출해야 한다. 또는 아예 짧게 깎지 않고 일반 헤어숍에서 스타일링을 받는 것이 좋다. 모발과 모질이 서구적인 특성이나 기타 특성을 가지고 있어서 바버숍 스타일에 적합하다면 바버숍 스타일을 적극적으로 추천한다. 경험상 대부분의 여성은 남성의 짧고 단정한 헤어스타일을 선호한다.

그렇다면 모발이 잘 뜨고 억세며 두상도 예쁘지 않다면 어떤 헤어스타일이 어울릴까? 안타깝지만 이런 상황이라면 머리 길이를 어느 정도 유지하면서 스타일링을 할 수 있는 미용실을 가는 것이 좋다.

동양인은 서양인보다 탈모가 될 확률이 현저히 낮다. 탈모 관련 논문에 따르면 백인 남성의 탈모 비율은 약 40퍼센트로 동양인의 탈모 비율인 25~30퍼센트보다 상대적으로 높게 나타난다. 그래서 서양인들은 민머리로 다니거나 바짝 깎는다. 심지어 서양 사회에서는 남성의 삼자 이마, M자 탈모, 대머리가 남성적이거나 마초의 상징으로도 여겨진다. 반면 동양인 남성들은 짧은 머리나 탈모, 대머리에 취약하고 동양 사회에서는 민머리에 대한 문화적, 암묵적 거부감이 있어서 대체로 서양인들보다는 기장이 있는 헤어스타일을 연출한다.

너무 절망은 하지 말라. 각자 형편에 맞게 연출하면 그만이다. 만약 동양인인데 탈모라서 심각한 문제에 처해 있다면 모발 이식도 좋은 방법이다. 우리나라의 시술력은 세계 제일이다. 연예인을 비롯하여 주변에도 생각보다 모발 이식을 한 사람이 꽤 있다.

얼굴형으로만 이야기하자면 보통 계란형은 어떤 스타일이건 잘 어울리는 편이고, 샤프한 느낌의 긴 얼굴형은 이마를 드러내는 것보다는 가려주는 것이 얼굴이 짧아 보여 더욱더 동안으로 보인다. 남성적이고 강한 이미지의 각진 얼굴형은 이마를 드러내거나 올림머리로 스타일링을 하면 부드러운 인상으로 보일 수 있다. 둥근 얼굴형은 얼굴이 작아 보일 수 있거나 길어 보이게 이마를 드러내고 정수리에 볼륨을 주어 갸름하고 길어 보이게 하면 좋다. 이렇듯 자신에게 최적의 헤어스타일을 알고 자신만의 왕관을 잘 가꾸어 리더다운 면모를 드러내는 포인트로 삼아보라.

# 피부가 빛나야
# 리더가 더 빛난다

"얼굴은 늘 단정하면서 침착한 태도를 가질 것이며,
의복은 항상 정결해야 한다. 또 걸음걸이는 활기가 있어야 한다."
- 장사숙

보통 날씬하고 이목구비가 뚜렷하며 피부가 뽀얀 사람을 보면 '외모적으로 멋지다.'고 느낀다. 특히 아름다운 여성의 조건을 이야기할 때에도 '손, 치아 그리고 피부가 하얀 것'을 손꼽는다. 베이글녀, 여신, 꿀 피부, 아기 피부, 도자기 피부……. 이는 모두 피부와 관련된 수식어들이다. 이처럼 얼짱이나 연예인들의 피부가 많이 이슈화되기도 한다. 사회가 변하고 문명의 혜택을 누리게 되면서 젊음과 아름다움에 관심을 가지면서 더불어 피부 관리에도 많은 관심이 쏠린다.

평균 수명이 늘고 피부를 건강하고 젊게 유지하려는 욕구는 점점 강해져서 그에 따른 시술과 관련한 기술력도 비약적으로 발달하고 있다. 피부에 특별한 질환이 없다고 하더라도 피부의 색이나 질이 나쁘거나 건조감, 번들거림, 여드름과 기타 잡티로 인해서, 혹은 피부의 톤이 어두워서 자신감을 잃거나, 나이가 어린 학생도 피부 하나로 더 나이가 들어 보이기도 한다. 헤어스타일, 얼굴과 같은 다른 몸 관리도 중요하지만 피부의 관리 유무는 정말 중요하다. 건강한 피부를 유지하는 것은 좀 더 자신감 있는 사회적 활동을 하기 위해서다.

흔히 세월이 지나면서 드러나는 피부 나이를 실감할 때 관리의 필요성을 느낀다. 사람은 대략 스물다섯 살을 기점으로 피부 노화가 진행된다. 역시나 한 설문조사에서는 피부 관리의 필요성을 느끼는 시기로 총 투표자의 절반 이상이 '20대 초반'이라고 대답했다. 남성들 역시 20대 초반 이전에는 잘나가는 훈남이자 완소남이었다가 변하는 가장 큰 이유가 피부 관리에 실패하기 때문이다.

남성들은 여성들보다 외모 관리에 다소 소홀한 경향이 있다. 그런데 남성은 여성과는 다르게 더 자주 과음, 흡연, 과도한 운동을 한다. 이것 모두 피부의 적인데 말이다. 그런데도 여전히 피부 관리라고 하면 얼굴에 물을 묻히고 비누나 폼클렌징으로 거품을 내서 씻으면 그만이라 여기는가.

록 그룹 국카스텐의 보컬리스트 하현우는 가창력만큼 피부가 깨끗한 것으로도 유명한데, 그가 한 TV 프로그램에서 "저의 고운 피부 비결은 세수하기 전 손을 네 번 씻는 것입니다."라고 말했다. 그의 말이 맞다. 우리의 손은 다양한 오염에 노출되어 있으니 우선 손부터 깨끗해야 한다. 의사가 수술 전에 손을 깨끗이 닦고 위생장갑을 착용하는 것처럼 세안하기 전에도 자신의 손을 먼저 꼼꼼히 닦아야 한다.

예전부터 귀족이나 양반 혹은 왕족과 같은 지배층은 대부분 실내에서 생활했고, 실외에서 노동을 하던 노비들의 어둡고 칙칙한 피부색과 대조되어 하얗고 깨끗한 피부는 부귀영화를 상징해왔다. 이렇듯 지배층에 의해서 하얗고 깨끗한 피부를 선호하게 된 것이다. 생물학적으로도 상처나 점이 없는 피부에 병균이 침입하기가 어렵기 때문에 건강한 유전자를 의미하며, 본능적으로 남성들은 이러한 이유 때문에 건강한 피부를 가진 여성에게 끌린다.

한의학에서도 혈색이 좋은 피부가 오장육부의 건강을 의미하기도 한다. 무심코 길을 걷다가도 윤기가 나고 뽀얀 피부를 지닌 사람을 보면 한 번 더 쳐다보게 된다. 그래서인지 대중에게 더욱 관심을 받기 위해 매스컴을 타는 공인이나 연예인들은 수기적으로 피부 관리를 받는다.

피부는 수면의 질과 양에 연관이 깊다. '미인은 잠꾸러기'라는 말을 들어보았는가. 수면은 피부의 보약이다. 실제로 만났던 여성들 중에서 외모로 손꼽는 이들은 모두 외모를 떠나 피부 관리를 소홀히 하지 않았으며, 피부가 대부분 하얗고 깨끗했는데 가장 큰 이유가 바로 잠이었다.

22시부터 2시까지 인체의 두뇌는 뇌하수체라는 호르몬의 중추로부터 성장호르몬을 분비하여 피부가 콜라겐, 엘라스틴을 재생시킬 수 있도록 한다. 22시부터 2시까지의 골든타임을 잘 지켜도 피부 관리에 좋은 영향을 주게 된다. 잘 관리하는 스킨케어 루틴은 인생의 큰 성공 중 하나다. 단순히 외모의 일부분도 아니고, 그로 인한 생물학적 요인과 번식에 국한된 것도 아니다. 이성의 환심만을 사기 위한 관리라면 그것은 너무 좁은 시야로만 바라본 것이 아닐까.

CEO와 같은 리더도 마찬가지다. 실력을 넘어 얼굴이나 차림새, 이미지, 패션으로 평가받기 때문이다. 당신의 회사가 성장하여 주식시장에 상장되거나 사회적으로 유명기업이 되면 당신이 곧 회사의 얼굴이자 명함이 된다. 직원들에게도 당신은 이미지 메이킹을 해야 한다. 패션과 스타일의 완성은 얼굴이고, 그 얼굴을 완성하는 것은 결국 피부다. 아무리 명품으로 휘감고 다닌다 한들 피부가 나쁘면 그 모든 노력은 반감된다.

여성이 젊음을 유지하기 위해 피부 관리를 하는 것처럼, 리더라면 고객의 선택과 신뢰를 받기 위해, 직원들에게 좋은 이미지를 심어주기 위해서라도 피부 관리는 필수다. 독수리를 한번 상상해보라. 자신의 깃털을 잘 가꾸어 그 날개를 활짝 폈을 때 진정 더 멋지고 날쌘 느낌이 나지 않는가. CEO라면 반짝이는 피부로 자신감을 표현해보라.

# 매력을 더해주는
# 화룡점정, 수염

"정성을 다하여 예술품을 다루듯이 자신의 외모를 가꾸어라.
외양의 아름다움을 개조하는 것은 불가능할지 모르지만 일세를 풍미했던 미인들은
저마다 타고난 혈통과 환경과 노력의 산물이었다.
그만큼 그들은 스스로 자신을 가꾸는 예술가였다."
- 발타자르 그라시안

애플의 스티브 잡스, 오라클의 래리 앨리슨, 위키디피아의 지미 웨일스, 플리커의 스튜어트 버터필드. 이들의 공통점을 혹시 아는가. 바로 이들은 모두 '수염을 길렀거나 기르는 실리콘밸리 CEO'이다. 〈포춘〉지의 보도에 따르면 미국에서 IT업계 CEO들은 수염을 기르는 것에 대한 자율성이 두드러진다.

'이들은 외국의 CEO니까 그런 게 아닐까?'라고 생각하는가? 리더에게 수염은 어떤 의미일까? 당신은 수염을 기른 리더를 어떻게 생각하는가? '깔끔하게 하고 다녀도 계약이나 매출을 상승시키기 모자랄 판에 무슨 수염을 길러?' 이런 마음이 드는가. 하지만 확실히 잘 관리된 수염에서 카리스마가 느껴지지 않는가? 멋스럽게 다듬은 수염은 남성으로서의 이미지를 한층 더 부각시켜주는 매력과 개성을 표현하는 남성성의 또 다른 의미의 패션과도 같다. 여성이 매일매일 화장을 하는 것처럼, 남성

역시 매일매일 자라는 수염을 관리하여 자신만의 개성을 드러낸다. 수염은 평범함을 거부하는 남성들의 필수 아이템이기도 하다.

사회적으로도 예를 들어 연예인, 예술가, 작가, 광고인, 디자이너와 같이 창의성을 중요하게 여기는 직업군의 사람들이 수염을 기르는 경향이 있다. 수염은 '어른이 되었다.'는 상징이기도 하고, 풋내기들과 다르게 거친 세상에 잘 적응하여 융통성 있게 살아가는 어른들만의 표식이기도 하다.

수염은 권위를 나타낸다. 검고 짧은 수염은 젊음이, 하얗고 긴 수염은 그만큼 연륜이 차곡차곡 쌓인 느낌이다. "콧수염 없는 남성과 키스하는 것은 치즈 없는 식사와 같다."라는 프랑스의 속담처럼 아무래도 서양인들에게 수염이 더 잘 어울리기는 한다. 고대 그리스와 이집트에서 수염은 권력, 지혜, 생명력의 상징이었다고 한다. 비옥하고 기름진 땅에서 들풀, 꽃, 곡식 등이 잘 자라는 것처럼, 사람 역시도 영양분이 잘 공급되어야 체모나 머리카락이 잘 자라는 것 같은 이치로 고대인들은 생각했던 것 같다.

실제로 인상학을 연구하는 전문가들은 수염이 어떤 기상이나 기혈과 관련이 있다고 말한다. 턱선이 약해 보이는 이들에게는 수염을 길러서 보강할 수 있다는 의미이기도 하다. 수염이 없는 아인슈타인은 무언가 어색하고, 소녀의 편지로 인해 수염을 기른 링컨은 대통령에 당선되었다. 대표적인 국내 연예인 중 수염으로 유명한 박상민, 노홍철, 김흥국, 전인권 등을 떠올리면 수염이 없는 얼굴이 오히려 어색하게 느껴진다.

만약 이들에게 수염이 없었다면 대중에게 깊이 각인되기 어려웠을지도 모른다.

이처럼 수염은 체면, 카리스마, 신념 등을 상징해왔다. 중세시대에도 군인이나 귀족들의 출세를 지향하는 표현인 동시에 성적인 매력을 의미했고 19세기 이후에도 진보, 좌파, 혁명 등의 의미를 담았다. 엥겔스, 카를 마르크스, 레닌, 체 게바라 등은 수염을 사랑하는 리더이자 알파이기도 했다.

과거 조선시대나 서양의 위대한 한 획을 그은 이들의 사진이나 그들의 초상화를 잘 관찰해보면 대부분 수염이 많거나 거뭇거뭇하다. 그들역시도 당시 알파 메일로서 역사의 한 페이지를 장식하거나, 위대한 발명을 했거나, 후세에도 많은 존경을 받았다.

《삼국지三國志》의 관운장을 보아도 수염이 거뭇거뭇하다 못해 긴 머리처럼 자라서 위엄 있고 권위 있으며 카리스마의 상징으로 표현된다. 후세에도 거의 신격화되어 종교화되거나 어느 사이비 종교에서조차도 그를 의에 굶주린 의리의 화신으로 여겨지기도 한다. 1960년대 월남전이 일어났을 무렵에도 반전을 외치던 히피문화 같은 급진적 저항문화의 상징 혹은 생태주의자의 상징이기도 했다.

조선에서도 '신체발부수지부모身體髮膚受之父母 불감훼상효지시야不敢毀傷孝之始也'라는 공자의 《효경孝經》에 등장하는 고사성어가 있듯이, 신체와 터럭과 살갗은 부모에게서 받은 것이다. 부모에게서 물려받은 몸을 소중히 여기는 것이 효도의 시작이라는 말인데 그와 더불어 수염을 어른의 '위엄과 체면의 상징'으로 여겼다. 하지만 일제 강점기를 거치면서 단발령이 내려지고 수염이 '야만'의 상징으로 치부되었기에 수염을 기르는 것을 용납하지 않는 사회 분위기가 이어졌다. 그로 인해 지금 현대시대를 살아가는 대부분의 남성들은 수염은커녕 아예 제모를 해버리기도 한다.

하지만 지금 남성의 수염은 다시 조명받고 있다. 그래서인지 일부러 수염이나 구레나룻을 이식하는 남성들도 증가하는 추세다. 필자가 20대 초반 무렵에는 수염이나 구레나룻을 기르기 좋아하는 남성들끼리 마치 동호회처럼 카페를 만들어 활동하기도 했고, 수염이나 구레나룻이 태생적, 유전적으로 다소 부족한 남성들은 과거 남성 호르몬 발모제를 사용하기도 했다.

카페 내의 칼럼에서도 수염 자체를 '스타일리시한 자기의 표현 혹은 PR', '세련된 남성성의 표출', '과거 기성 문화에 대한 저항 정신', '직업적 창의성과 전문성의 상징'으로 인식되면서 많은 남성들이 수염을 기르는 것을 추종하기 시작했다는 글이 있었다. 전문성과 예술성을 동시에 지닌 건축사 사무소의 한 대표님도 마치 화백이나 조각가 등 예술가의 포스를 내뿜는 고티수염을 기르고 계신다. 지금은 평범한 직장인들도 수염을 잘 다듬어 관리하거나 심지어 대학생들도 수염을 기르기도 한다.

2018년 9월, 실제 노동법 관련 판례에서는 어느 항공사에 근무하던 기장이 턱수염을 기르고 근무하였는데 사내 근무 복장 및 용모 규정을 위반했다는 이유로 업무를 정지시킨 것에 대한 부당한 인사 처분으로 인해 노동위원회에 구제 신청을 한 적이 있었다.

외국인 직원이 관습상 수염을 기르는 것은 '타인에게 혐오감을 주지 않는 범위' 내에서 허용하면서 내국인은 '취업 규칙에 따라 금지했다는 것'에 대한 부당함과 개인의 자유를 침해했다는 이유로 불만을 표출했고 승소했다.

요즘 사회 분위기상 외모의 개성, 다양성과 사회적 인식을 고려했을 때 직원들이 단지 수염을 길렀다고 해서 타인이나 고객에게 부정적인 인식과 영향을 미친다고 단정할 수는 없다. 수염을 깔끔하고 단정하게 기른다면 고객의 신뢰도나 만족도에 긍정적인 영향을 줄 수 있다.

실제로 스튜어트 버터필드의 수염은 정말 아름답기로 정평이 나 있다. 이처럼 남성의 수염에 관한 인식이 바뀌고 있다. 점점 더 창의적 기업인의 표식, 활동성과 카리스마, 전문적 능력의 표상처럼 여겨질 것이다. 우리나라에서도 수염을 기르는 CEO가 보편화될 수 있다. 직장인들도 수염에 대한 긍정적인 시각을 가지게 될 것으로 기대해본다. 이처럼 수염이 자신의 매력을 증가시킬 수 있다면, 멋진 그루밍을 통해 내 능력의 화룡점정으로 한번 연출해보는 것은 어떨까.

# 동안 매력이
# 경쟁력이다

♟

**"모두가 오래 살고 싶어 하지만 아무도 늙고 싶어 하지는 않는다."**
- 벤자민 프랭클린

자신이 나이에 비해 어려 보이길 바라지 않는 이가 있을까? 그래서인지 성형에 뜻이 없는 이라 할지라도 동안童顔, 동안 피부 등에는 많은 관심을 기울인다. 한때 방송에서도 '동안'이라는 키워드에 꽂혀, 동안 콘테스트를 한다든가, 동안 미인 등을 소개하는 데 혈안이 된 적이 있었다. 아마도 인류가 사라지지 않는 한 죽을 때까지 이러한 트렌드는 계속될 것 같다. 말 그대로 동안은 젊음과 생명력, 건강 및 자기 관리의 상징이지 않은가. "나이는 못 속인다." 혹은 "세월 앞에 장사 없다."라는 말도 이런 추세에서는 옛말처럼 느껴진다.

맞선이나 소개팅에서도 "참 어려 보이시네요."라는 말이 최고의 멘트이자 칭찬이다. 사회적 활동 중 제일 활발하고 결혼 적령기에 있는 30대와 40대 사이에서도 '어려 보이는 외모야말로 최강의 경쟁력'이다. 하지만 이제는 좀 더 시야를 넓혀서 동안에 대해 생각해보았으면 한다. 단지 외모와 겉모습뿐만 아니라 좀 더 넓은 의미에서 그것을 만드는 생명력을 토대로 조직과 회사를 경영해가야 한다.

젊고 어린 사람만 관리받는 것이 아니다. 중·장년도 외모를 가꾸어야 한다. 아름다움을 넘어 어려 보이는 안티에이징에도 신경 써야 한다. 단순히 건강하게 아픈 곳이 없었으면 하는 것에서 더 나아가 외모도 동안이고 싶은 중·장년들도 늘어나고 있다. 실제 자기 나이로 보이면 '노안'이라는 말이 나오는 것처럼 안티에이징이 대세다. 의술의 발달과 기대수명의 증대로 100세 시대라고 하지 않는가. 이런 상황에서 동안의 혜택을 누릴 줄 알아야 한다.

동안과 경영 능력이 상관이 있다니, 조금 의아한가? 동안을 유지하면서 이를 경영, 경쟁력으로 승화시킨 가장 대표적인 인물은 가천대학교 총장인 이길여 여사다. 그녀의 호虢인 '가천嘉泉'의 의미처럼, 세월이 지나도 쉽게 변하지 않는 아름다움이 샘솟는다. 2023년도 가천대학교 신입생 환영사 영상 속 그분은 90세가 넘은 연세이지만 50대라고 해도 믿을 만큼 아름다움과 기품이 느껴지는, 그야말로 동안의 화신과도 같은 모습이었다.

실제로 그분은 가천대학교 길병원, 가천대학교 총장, 경인일보 회장, 가천길재단 회장 등 다양한 사회적 리더 역할을 하고 계신다. 가천대학교 길병원을 비롯한 길한방병원 등 가천길재단 소속으로 길의료재단은 지난해 총 3,844억 원의 수입을 기록하였고 그녀의 보유재산은 장부가치로 3,916억 원에 이른다. 심지어 나이에 비해 굉장히 정정하다는 배우

이순재보다 세 살 연상이다.

그녀는 평생 일에만 몰두하며 살았고, 자식도 남편도 없는 골드미스로 평생을 보냈다. 그녀는 외로움을 잘 타지 않는 성격 탓에 유학 시절에도 외로움에 잠을 못 자는 다른 이들과는 달리 눕기만 하면 잠이 들었다고 한다. 이분은 아침 기상 직후 토마토와 우유를 함께 믹스해서 마신다. 나이가 들면 흔히들 말하길 뼈가 점점 약해진다고 하는데 영양학적으로 볼 때 토마토의 비타민K가 우유의 칼슘이 몸 밖으로 배출되는 것을 억제하여 칼슘을 통째로 매일 섭취하는 것도 그녀의 동안 비결이 아닐까 싶다.

매일 한 시간 운동을 즐기고, 취침 시간도 일정하고 수분 섭취를 자주하고 자극적인 음식도 피하며, 긍정적이고 진취적이며 건강한 마인드로 살아가는 것이 바로 동안 비결이다. 어찌 보면 매우 평범한 것들이라 다소 맥이 빠지기도 한다. 하지만 이런 사소해 보이지만 중요한 기본을 꾸준히 지켜온 것이야말로 핵심 동안 비결임에 틀림없다. 동안을 만드는 데에는 유전적인 요소도 무시할 수는 없다. 하지만 그렇다고 노력까지 게을리해서는 안 된다. 자신의 실천력을 돌아보는 계기로 삼기 바란다.

부친의 한 친구분은 30대 초반부터 40년 가까이 도시경영연구소를 운영하고 계신다. 다른 동창들이나 친구들의 대다수가 은퇴한 상황에서도 자신의 커리어를 이어오신 것이다. 그분의 건강 유지 비결도 이길여 총장과 매우 유사하다. 아침에 기상 직후에는 충분한 수분을 섭취하고 20년 전부터 피워온 담배를 단숨에 끊어버렸으며, 평소에도 기름진 음식과 야식을 하지 않으신다. 일부러 대중교통을 이용하거나 한 시간 반이 넘는 거리를 도보로 출퇴근하기도 했다. 그분의 인생 모토는 '진취적인 기상과 성실'이다. 이러한 마인드로 평생을 살아오셨기에 커리어뿐만 아니라 동안도 오래도록 유지하고 계신 것이 아닐까 한다.

한 가지 더 중요한 사실이 있다. '노화를 걱정하면 실제 몸에도 악영향을 끼쳐 노화를 촉진한다.'는 연구 결과들이 속속 나오고 있다. 이에 전문가들은 현재 있는 그대로를 받아들이는 마음으로, '늙으면 늙는 대로 나를 인정한다는 마음가짐이 실제 노화를 방지할 수 있는 방안'이라고 조언한다. "피할 수 없으면 즐겨라."라는 명언처럼, 긍정적으로 생각해야 스트레스를 덜 받기 때문이다. 여러 가지 이유에서 동안은 쉽게 주어지는 것이 아니다. 하지만 노력한 만큼 얼굴에서 드러나게 된다.

# 담배 하나 못 끊는 건
# 리더십의 부재

♟

"어떤 분야에서든 유능해지고 성공하기 위해선 세 가지가 필요하다.
타고난 천성과 공부 그리고 부단한 노력이 그것이다."
- 헨리 워드 비처

당신은 지금 리더의 위치에 있는 알파 메일로, 한 회사의 CEO일 수도 있고 혹은 조직의 수장이거나 한 집안의 가장일지도 모른다. 그러면 그 위치가 주는 부담감도 상당할 것이다. 그런데 만약 흡연자인데 금연을 하라고 한다면, 이에 쉽게 동의할 수 있는가.

담배가 몸에 해롭다는 사실은 누구나 알고 있다. 그런데도 한번 시작한 흡연은 중독성을 지니기에 끊기가 쉽지 않다. 이런 담배의 특성을 알고 나는 아예 담배를 피우지 않았다. 과거 담배를 피워서 후회했던 부친의 영향도 있고, 외조부가 악성 폐암 말기로 인해 70대 초반의 다소 젊은 연세로 고통스럽게 세상을 떠나신 모습이 늘 마음에 남아 있기 때문이다.

원로 코미디언이었던 고 이주일 씨를 기억하는가. 그는 21년 전인 2002년, 폐암 투병 중에 공익광고에 출연하여 금연을 호소한 적이 있다. 그 광고는 마치 유명인의 유언 혹은 증언과 같은 느낌이었다. 실제로 그

광고로 인해 당시 흡연율이 60퍼센트에서 50퍼센트로 감소하기도 했고, 많은 이들이 경각심을 느꼈으며 실제로 나의 부친도 이 무렵 금연을 하셨다.

만약 이주일 씨가 처음부터 비흡연자였다면 어땠을까. 실제로 스스로의 커리어 단절이 없었을 것이고, 우리나라는 그로 인해 좀 더 즐겁지 않았을까? 흡연으로 인해 코미디계의 인재가 안타깝게 하늘의 별이 된 것이다.

건강 관리는 자기 계발의 기본이고 이를 통한 동안은 덤과 같다. 담배를 피우는 것으로 얻는 이득에 대해 진지하게 생각해봤는가. 스트레스를 받거나 기분이 떨떠름하면 담배를 피우면서 위안을 얻기도 하겠지만, 사실 잃는 것이 더 많다.

경제적 여유는 자신의 업에 충실하면 얻게 된다. 하지만 흡연으로 인해 여덟 가지 질환의 위험에 처할 수 있다. 대표적으로 폐암, 방광암, 뇌졸중, 구강질환, 버거씨병, 자궁경부암, 후두암, 백내장 등이 있다. 만일 이 병을 단 하나라도 얻게 된다면 당신의 커리어는 단절된다. 당신의 커리어와 조직, 회사의 경영에 이득이 될 수 있는 기초 중 하나가 바로 금연이다.

리더는 알파이며, CEO이자 조직의 수장이다. 사업적으로도 승승장구하는 것은 물론이고 나로 인해 생기는 공백을 막기 위해서도 자신을 잘 관리해야 한다. '수신제가修身齊家 치국평천하治國平天下'라는 말을 들어보았는가. 몸과 마음을 잘 닦는 이가 집안을 가지런하게 하며 나라를 다스리고 천하를 평안하게 한다는 의미다.

따지고 보면 금연도 이를 실천하는 것이다. 금연 이외에도 많은 것들이 비슷한 이치로서 설명될 수 있다. 만약 과도한 흡연으로 인해 당신이 폐암에 걸려 정말 내일 죽어도 할 말이 없다면 얻는 손실을 금전적인 가치로만 환산해도 어마어마할 것이다.

CEO나 리더뿐만이 아니다. 이것은 직원들에게도 해당될 수 있다. 어느 지인의 회사에서도 잦은 술자리와 과도한 흡연으로 인해 업무 중 기절하여 중환자실에 실려 가게 된 어느 직원이 있었다. 업무적으로 보나 인성으로 보나 법 없이도 살아갈 수 있는 사람이지만 안타깝게도 절주와 금연을 잘 조절하지 못해서 병원 치료로 업무에 잠시 공백이 생긴 것이다.

"집안의 가장이 흔들리면 가세가 기운다."라는 말이 있다. 한 조직이나 회사의 직원 한 명에게만 문제가 생겨도 회사라는 조직의 운영에 문제가 생기는데, 하물며 조직의 리더가 흔들리면 어떻게 되겠는가. 만일 당신의 회사나 조직이 정상 궤도에 올라 승승장구하고 있을 찰나에 당신이 병을 얻게 되어 회사의 대표자가 공석이 된다면?

'오합지졸烏合之卒, 군용무수群龍無首'라는 말이 있다. 이는 제대로 조직을 이루지 못하고 잠깐 무리를 이루는 의미와 용의 무리의 우두머리가 없는 상태, 즉 지휘자가 없이 단결되지 못한 상태를 의미한다. 우두머리가 없어지면 조직은 그만큼 쉽게 와해된다.

영화 〈천군〉에서도 시간 여행으로 우연히 과거 조선시대에 가게 된

북한군 소좌로 나온 인물이, 수많은 적군들 앞에서 "우두머리가 없으면 오합지졸이 된다."며 지휘관을 저격하는 장면이 있다. 삶을 일컬어 '전쟁'과 같다고도 이야기하지 않던가. 스스로 리더가 되기 위해 애써 노력한 그 고생의 결과를 허망하게 흡연으로 잃는다면?

담배를 오래 피우게 되면 특유의 찌든 냄새가 오랫동안 스며든다. 실제 연구 결과에서도 숙박업소나 PC방, 유흥업소 등에서 오랫동안 찌든 담배 냄새를 맡으면 건강에 좋지 않은 영향을 끼친다고 한다. 즉, 흡연으로 생긴 담배의 부산물이 소파, 옷, 커튼, 머리카락 등에 남아서 다른 이들에게까지 악영향을 미친다는 말이다.

한 실험에서 담배 냄새가 없는 호텔과 찌든 담배 냄새가 나는 모텔에 각각 입실하게 한 뒤 실험자들의 소변 속 코티닌 농도를 입실 전후로 측정했다. 담배 냄새가 나는 모텔에서는 투숙객들의 소변 속 코티닌 농도가 약 2.2배 증가했지만, 그렇지 않았던 곳에서의 코티닌 농도는 오히려 감소했다. 이처럼 담배 냄새는 공간뿐만 아니라 담배 냄새가 나는 사람 근처에만 있어도 건강에 악영향을 끼칠 수 있다.

예전에 필자가 근무했던 한 직장에서도 능력 있는 상사였지만 과도한 흡연으로 인해 구취가 너무 심해서 상담 도중에도 고객들에게 지적을 듣거나 신뢰도가 다소 떨어졌다는 지적을 받기도 했다. 이 업체에 대한 후기로, 상담하는 직원들의 친절도가 엉망이라는 것과 과도한 흡연으로 인해 구취가 심했다는 혹평이 있었다.

담배는 단순히 기호식품이라고 여기기에는 너무나도 해로운 점이 많다. 자신의 신뢰를 갉아먹을 수도 있고 타인의 건강에도 나쁜 영향을 줄 수 있으며, 금전적으로나 미래에 더 성장할 가치에도 마이너스 요인으로 작용한다.

스트레스를 받는다면 담배를 피우는 것보다 다른 발전적이고 건설적인 취미를 가져보는 것은 어떨까. 자기를 경영하는 자가 세상도 경영한다. 금연은 자기 경영의 일부다. 잘 생각해보면 담배를 끊는 것과 정신적으로나 육체적으로 힘들어도 담배를 배우지 않는다는 굳은 신념으로 알파 메일적 성향을 간접적으로도 보여줄 수 있다.

담배를 오랫동안 피우다 끊는다는 것이 얼마나 어려운지를 주변의 흡연자를 보면 알 수 있을 것이다. 나는 흡연이 마치 자본을 잠식당한 주식의 폭락처럼 느껴진다. 자신의 의지를 담배가 잠식하기 때문이다. 애연가 리더라면 이제부터라도 금연을 권한다. 당신 자신과 당신이 이끄는 조직의 모두를 지키기 위해서라도!

# 건강하게 변화하는
# 또 하나의 무기, 다이어트

---
♞
---

"옷을 차려입는 것은 좋은 아이디어가 없을 때 불가피한 선택이다.
능력 없는 사업가가 '정장'으로 유명한 것은 우연이 아니다."
- 폴 그레이엄

'재드래곤'은 삼성 이재용 회장의 애칭이다. 귀티 나는 얼굴, 180센티미터가 넘는 훤칠한 키, 단단한 몸매 덕분에 수트를 입었을 때 배우와 견주어도 손색이 없는 그의 댄디함 때문에 붙여졌다. 그는 50세가 넘었지만 많은 20대, 30대 여성들도 호감을 느낄 정도로 외모 관리와 체중 관리를 잘한다.

실제로 이재용 회장은 삼성 회사 내의 건강 캠페인인 '삼성 러닝'에 참여하여 개인 트레이너를 고용하여 체계적인 운동을 하며, 자전거를 타고 등산 및 야외 활동을 즐기기도 한다. 식사도 마찬가지로 고칼로리 음식과 당류는 피하고, 채소 및 과일 등 식이섬유가 풍부한 식단을 기본으로 한다. 이렇게 종합적으로 건강검진과 비만 관리를 통해 자기 관리에 철저하다.

글로벌 기업의 CEO들 중 비만 체형은 극히 드문 편이다. 몸에 딱 붙는 수트를 즐겨 입고, 공식 석상이나 카메라 앞에 서서 회사를 대표하는 그들에게는 자기 관리와 체중 관리가 업무의 연장선이 될 수 있다. CEO, 리더, 알파들이 과체중이 되어 지나치게 뚱뚱해지면 어딘가 모르게 직원들로부터 게으르거나 무능력하다는 인식을 심어줄 수 있기 때문이다. 그래서 체중 관리는 리더십 발현에 영향을 준다.

주변에도 많은 알파들, CEO들과 리더들이 있는데 그들도 개인 트레이너를 고용하거나 오랫동안 즐겨온 운동으로 꾸준히 관리를 한다. 이는 자신을 잘 관리하는 것이 조직에도 긍정적인 영향을 미친다는 것을 잘 알고 있기 때문이다.

철거와 인테리어 관련 업종에 종사하는 한 대표는 체육학과에서 배구를 전공했는데, 자신의 본업 이외에도 CEO 배구 동호회에서 자신의 동기였던 은퇴한 어느 프로선수와 함께 강사로도 활동 중이다. 그는 이처럼 CEO들의 기초 생활 체력을 높이는 데 재능 기부 활동을 하기도 한다.

아무리 이목구비가 뚜렷하고 잘생기고 예쁜 사람도 살이 급격하게 찌면 왠지 모르게 그 이목구비조차도 묻혀버리는 괴현상이 생긴다. 나 역시도 과거 다이어트로 15킬로그램을 감량했던 경험이 있는데, 그 당시에 나를 대하던 여성들의 태도가 아주 급격하게 변하는 것을 피부로 체감했다.

'체력은 국력'이라는 말이 있다. 그런데 체력은 경영력경영의 기본이 되는 힘으로도 생각할 수 있다. 진정으로 당신이 능력을 인정받는 알파, 리더, CEO가 되고 싶다면 체중 관리는 기본이다. 아무래도 체중이 늘어나면 몸이 둔해지고 게을러질 수 있기 때문에 건강과 정력에 안 좋은 영향을 준다는 사실을 아는 탓인지, 비만인 직원은 왠지 능력이 낮을 것 같은 평가를 받기도 한다.

예전에 〈포춘〉지에서 선정한 CEO 500명 가운데에서도 과체중인 사람은 단 한 명도 없었다는 사실을 아는가. 굳이 CEO가 아니더라도 일반 직원이나 다른 평범한 이들이라고 해도 비만이라면 그다지 긍정적으로 바라보진 않을 것이다. 비만인 CEO는 첫인상부터 결코 긍정적일 수는 없다. 그러므로 CEO가 다소 비만이라면 다이어트는 필수다.

진화심리학적으로 주변 사람들과의 갈등이 생기면 이에 대해 우리의 뇌는 생명의 위협을 받은 것으로 인식한다. 그만큼 큰 스트레스를 받는다. 하지만 이러한 상황은 진짜 생명을 위협하는 것은 아니므로 그렇게 유혹에 넘어갈 이유는 없다. 이럴 때 충동을 관리하지 못하면 식욕 장애나 폭식증, 거식증이 생길 수 있다.

원시시대부터 인간은 다른 포식자나 위협적인 야생동물 혹은 기타 자연재해 등 생존을 위한 불안을 안고 살아왔다. 이로 인한 스트레스가 생기면 다시 생존을 위해 에너지를 축적하던 습성 때문에 음식이 있으면 먹게 되는 형태로 진화해왔다. 이러한 습성을 미리 알고 있다면 매번 업무나 기타 인간관계의 스트레스에서 오는 진화심리학적인 유혹이 잘못된 신호라는 것을 인식해 다이어트에 방해되는 스트레스로 인한 식욕을 방지할 수 있을 것이다.

《탈무드》에는 "편안함을 포기하는 크기만큼 성공의 크기도 커진다."

라는 말과 "현실을 편안함으로 사는 사람은 성공을 기대해서는 안 된다."라는 말이 나온다. 대입하기 나름이지만 이 명언은 다이어트와 체중 관리에서도 적용될 수 있다. 만일 내가 진짜 생존을 위협받는 상황이 아닌데도 잘못된 생존 신호로 인해서 음식물을 많이 먹었다고 여긴다면 그만큼 움직이면 된다.

오늘 쉬었다면 다음 날은 뛰어야 하는 것처럼, 오늘 많이 먹었으면 내일은 배로 움직여야 한다. 편안함만을 위해, 사소한 스트레스로 인해 당장 눈에 보이는 욕구를 채우는 것은 어리석은 행위다.

테슬라의 CEO인 일론 머스크는 자신의 다이어트 및 체중 관리를 위해 간헐적 단식을 즐겨 한다고 한다. 일론 머스크뿐만 아니라 많은 글로벌 기업 CEO들은 간헐적 단식으로 자신의 체중을 감소시켜서 일의 에너지를 증가시킨다.

《간헐적 단식 혁명》의 저자이며 존스 홉킨스 의과대학의 신경과학 교수인 마크 맷슨 박사는 "진화론적인 관점으로 볼 때 단식은 인간의 최적화된 상태이다."라고 이야기했다. 즉, 며칠 동안 음식을 얻을 수 없는 야생의 동물이라면 생존을 위하여 두뇌와 신체가 최적화된 상태로 작동해야 살아남을 수 있다고 정의했다. 적당한 영양소를 섭취하는 것도 중요하지만, 반대로 너무 절제하지 못한 식사는 나태함을 부른다.

간헐적 단식에 적응하는 순간 불안 수준이 낮아지고 집중력이 향상되며 학습과 기억력이 개선된다. 하지만 사람들은 공복 상태에서 예민해지기도 하며 평정심을 유지하기 어렵다고도 한다. 사실 그런 감정은 순간에 불과하다. 인간은 태생적으로 자주 음식물을 섭취하지 않도록 타고났다. 원시시대나 예전 과학 문명이 발달하기 전에는 인간이 음식물을 얻기가 어려웠고 채집과 수렵을 위해 직접 뛰어다녔다. 하지만 현대시대에는 인류의 편의성을 위해 즉석식품, 인스턴트식품이 많이 개발되었고 살이 찌기 쉬운 환경이 되었다.

신체는 에너지를 저장하는 호르몬보다 방출하는 호르몬이 훨씬 더 많다. 하지만 불행하게도 현대인은 갖가지 명목으로 음식을 먹는다. 음식물을 너무 자주 섭취하다 보면 인슐린이 과다 분비되어 병으로 나타날수 있다. 이처럼 과식은 장기적으로 인생에 도움이 되지 않는다.

'가장 좋은 성형은 다이어트'라고 하지 않는가. 성형이 부담스럽다면, 혹은 지금 살이 쪄서 건강을 위협받는 상황이라면 다른 건 다 내려놓고 우선 체중 관리에 집중하자. 그것이야말로 나와 조직을 살리는 최단 코스이므로.

PART 2

# 인간적인 매력 편

알파 메일, 리더의 차별화된 그 두 번째 요소, 인간적인 매력

# 지극히 인간적인,
# 그러나 그만큼 리더다운 리더

# 세상을 사로잡는 이, 바로 말 잘하는 남자

—— ♞ ——

"말은 어떻게 해야 할까? 이는 아주 대답하기 어려운 질문이다.
왜냐하면 말하기는 영원히 배움이 끝나지 않는 과목이기 때문이다.
하지만 그래도 시작점은 분명 존재할 것이다. 그렇지 않은가?"
- 아담 제이콥스

알파 메일의 외모를 제외한 가장 두드러진 특징 중 하나는 바로 상대방의 마음을 사로잡고 설득하는 '말을 잘한다.'는 점이다. 소위 좀 잘나간다는 이들도 물 흐르듯 유창하게 말한다. 제2차 세계대전에서도 주축국 독일 나치스와 이탈리아 파시스트의 독재자들인 아돌프 히틀러와 베니토 무솔리니는 '언변의 마술사'라는 수식어가 따라다녔다. 그들은 청중을 압도하는 경이로운 연설과 선전 능력을 발휘했다. 한비자韓非子의 《내저설內儲說》 상편上篇에 기록된 '삼인성시호三人成市虎'라는 말처럼, 근거 없는 말도 3인 이상이 모이면 사실이 된다. 이런 군중의 심리를 이용하여 각자의 언변 능력을 토대로 세상을 바꾸어버렸다.

말을 잘하기 위해서는 역사나 배경지식이 풍부해야 하는데, 이러한 독재자나 정치인 중에는 다독가가 많았다. 요즘도 책을 많이 읽고 지적인 남성을 '뇌섹남'이라고 표현하기도 한다. 실제로 프랑스 출신의 유명

사회심리학자 '귀스타브 르 봉Gustave Le Bon'의 저서인 《군중심리》는 군중을 자극하는 독재자, 정치인들의 필독서로도 유명했다. 연애, 생물학적인 관점에서 볼 때 여성이 언변 능력이 뛰어난 남성에게 끌리는 이유는 그 남성이 높은 지적 능력을 토대로 말하기 때문이라고 한다. 다시 말해 '말을 잘하는 남성'은 똑똑하고 사회성도 높다는 의미이기도 하다.

영업과 관련된 교육업체의 주된 커리큘럼 중 하나가 바로 '말하기'다. 오래전 나의 멘토였던 연애 컨설팅 업체의 대표님은 "연애를 잘하는 남자가 갖출 능력 중 가장 중요한 것이 바로 화술과 언변이지."라고 하셨다. 나도 말하기 스킬을 높이자 만나는 여성의 사회적 위치가 달라진 경험이 있다. 남성 개그맨들을 보면 재미있고 재치 있는 말솜씨로 하나같이 결혼하는 여성이나 여자 친구의 외모가 출중하고 좋은 직업을 가진 이가 많다.

카사노바는 뛰어난 화술과 언변 능력으로 설득과 작업의 달인이었다. 그의 알파 메일로서의 가장 핵심 능력은 사업이나 연애, 인간관계에서 우월한 입지를 선점하기 위한 말하기 스킬이다. 더불어 그는 실제로 다독가이기도 해서 다양한 학문과 지식에 능통하여 그의 매력에 다수의 여성들이 빠져들곤 했다. 이처럼 카사노바는 다양한 계층의 수많은 여성을 만나기 위해 여러 가지 노력을 기울였다.

리더들도 마찬가지다. 다양한 고객들의 마음을 얻어 그들에게 가치, 서비스, 상품 등을 세일즈 하고, 직장에서도 다양한 개성의 직원들을 이끌어가기 위해서는 여러 상황에서 지혜롭게 대처할 수 있는 세련된 말하기 스킬은 필수다.

남자 개그맨들이 외모가 빼어나지 않아도 흔히 미녀와 결혼하는 것처럼, 의외로 카사노바 역시도 잘생긴 외모가 아니었지만 그 이상의 매력을 가졌다고 한다. 그는 많은 여성들의 이상형으로 변모하고 그에 걸맞은 화술과 언변 능력으로 그녀들이 원하는 이상적인 것들을 현실화하여 그와의 관계가 끝난 후에도 다수의 여성들은 그를 그리워하곤 했었다고 한다.

'나는 그녀가 프랑스어를 하는 것만큼 라틴어를 잘하지는 못한다는 걸 스스로 인정하지 않을 수 없었다. 우리가 어떤 언어를 배울 때 가장 익히기 어려운 것이 바로 재치이며, 재치는 농담만큼 두드러지게 드러나지 않는다.'

이는 카사노바의 회고록에 나오는 내용이다. 그의 부단한 노력이 느껴지는 대목이다. 앞서 말했듯 그의 마음을 사로잡는 말하기 스킬은 방대한 지식과 더불어 문학적인 감성으로 채워졌고 이를 토대로 상대의 마음을 사로잡았다.

로마의 군주였던 율리우스 카이사르는 대머리에 광대가 튀어나온 추남이었지만 능수능란한 화술과 용기 그리고 진솔함으로 당대 여인들의 마음을 훔쳤고, 알파 피메일인 클레오파트라와도 연인 사이로서 정치적 연대를 구축하기도 했다.

필자도 예전에 여성은 물론이고 사람들 앞에서 말도 잘 못 하는 시기가 있었다. 당시 소개팅만 나가면 열 번 중 여덟아홉 번은 상대방으로부터 거절당하기 일쑤였다. 하지만 연애 및 화술 관련 멘토를 통해 스킬을 익히고 부단히 노력한 끝에 이를 극복했다.

나중에 자세히 설명하겠지만 나는 말을 잘하기 위해 예능 프로그램이나 멜로드라마, 혹은 개그 관련 프로그램을 보면서 '어떻게 하면 여성의 마음에 훅 꽂히는 한마디로 남을까?' 또는 '이 사람이랑 이야기하면 시간 가는 줄 모르게 너무 재미있어.'와 같은 느낌을 줄 수 있을지에 관해 몰두했다. 구체적으로 멘트와 개그의 구조와 형태, 패턴, 인간의 심리와 웃음 코드를 연구하며 얻은 결과로 직접 멘트를 만들어서 실제로 사용해보았다. 확실히 이러한 경험은 점점 더 만나는 여성들에게 나를 깊이 각인시키는 데 도움이 되었고, 알파 피메일들의 마음을 사로잡곤 했다.

사실 화술은 단순히 연애를 위해서뿐만이 아니라 생존을 위한 기술이기도 하다. 다시 말해 픽업아티스트에서 강조하는 알파 메일의 언변 능력과 화술에 대한 능력은 단지 연애에만 국한시켜서는 안 된다.

한 집안의 가장이라면 가정이라는 공동체를 지키는 능력이 필요하다. 기업가나 CEO들도 마찬가지다. 과거 미국의 한 연구 결과에 따르면 여성은 남성의 외모가 잘생긴 것보다 말을 잘하는 사람을 더 선호한다고 한다. 첫인상에서는 잘생긴 남성들에게 호감을 느꼈지만, 막상 남성들의 이야기를 들은 후에는 말을 잘하는 남성에게 더 매력을 느끼거나, 사회적으로 인기가 많고 존경심까지 생기며 좋은 리더가 될 자질을 느껐다고 한다.

여성들이 왜 이런 남성들을 선호하겠는가. 유쾌한 남성은 사회적인 지능과 소통 능력을 토대로 부귀나 권력을 얻기 쉽다는 인식 때문이다. 혹은 여성이 남성의 신분을 토대로 동반 신분 상승, 즉 신데렐라 콤플렉스Cinderella Complex, 하이퍼가미Hypergamy와 같은 본능이 있기 때문이다. 이러한 것은 역시 자손 번식 및 생존과 관련이 있다. 마치 자신과 자신의 아이를 잘 지켜줄 수 있을 것 같은 미래적 가치를 보고 판단하는 여성의 습성 때문이다. 오죽하면 여성이 남성과의 대화에서 과거보다는 '자신과 같이 장밋빛 미래'를 만들어갈 대화를 선호하겠는가.

이처럼 리더의 매력적인 말하기 능력은 리더십과 결코 떼려야 뗄 수 없는 관계다. 가장 역시도 마찬가지다. 결혼을 하고 자녀가 생겨 가장으로 살아가다 보면 예기치 못한 사고나 해결해야 할 문제들이 발생하곤 한다. 예컨대 미성년자인 자녀가 부당한 일을 당했다면 보호자인 가장은 나서서 그 문제를 해결해야 한다. 이때도 기본적으로 언변 능력이 필요하다.

사람과 사람 사이에 대화가 없으면 아무런 관계도 형성되지 않는다. 그것이 우호적 관계이든 적대적 관계이든 말이다. 너무 과묵한 사람은 가끔 불이익을 받기도 한다. 이처럼 자신의 생각을 조리 있게 표현한다는 것은 사회적으로 너무나도 중요하다.

역술에서도 "식신과 상관이 사주팔자에 잘 짜여 있으면 끼가 있고 표현력이 뛰어나고 화술이 탁월하여 사회적으로 많은 혜택을 누릴 수 있다."고 말한다. 나를 끊임없이 드러내야 하고 사회적으로 나아가서 PR 하거나 끼를 발산하고, 예능적으로도 탁월하며, 거침없는 화술과 언변 능력을 발휘해야 하는 연예인, 기업가, 부자에게 필요한 사주 속 십성이 바로 식신, 상관인데 내가 도움을 주고 내가 생하는 것, 즉 나를 표출하며 내가 직접 행동하고 움직이는 것이기 때문이다. 나를 표출하는 것이 바로 나의 생각과 아이디어를 조리 있게 잘 표현하여 결과물인 재성을 만들어낸다는 그런 의미다.

타고난 언변이 없더라도 괜찮다. 노력에 더 좌우되는 능력이니까. 실제로 나의 영업 멘토인 어느 회장님의 사주는 식신과 상관이 전혀 없는데, 그분의 언어적 센스는 누구라도 한번 이야기하면 반할 정도다. 그는 탁월한 언변 능력을 바탕으로 교육 커리큘럼을 만들어서 많은 영업인의 성공을 이끌고 있다. 이처럼 평범한 남성이라도 '화술과 언변 능력'을 높이면 연애 능력도 상상 이상으로 올라간다. "말을 잘하면 어디 가서 최소한 굶어 죽지는 않는다."라는 말은 괜히 나온 것이 아니다.

# 말을 잘하기 위한 꿀팁

자신의 전공 분야 혹은 관심 분야의 기사나 칼럼 혹은 책을 읽고 한 줄 요약하기를 해본다. 말하듯이 자신이 알게 된 지식의 내용을 자연스럽게 전달하는 연습을 한다.

새로운 사실을 알게 되면 다른 이에게 말로 전달한다. 유머 혹은 촌철살인의 대사 등 마음에 남는 문구를 입으로 말해본다.

상대방의 입장에서 이해하기 쉬운지 늘 생각한다. 상대방이 지금 하고 있는 말을 잘 이해하는지 눈을 맞추면서 반응을 점검한다.

다른 사람의 말에 경청한다. 그리고 적절히 질문을 던진다. 그러한 질문에 답변을 잘한다면 상대방이 잘 이해한 것이다.

말끝을 흐리지 않고 정확한 발음으로 천천히 끊어서 말한다.

# 무조건 감정적으로
# 상대방을 대하고 있는 것은 아닌가

♟

"어떤 사람들만 의지가 있고 다른 사람들은 의지가 없는 게 아니다.
변화할 준비가 된 사람과 그렇지 않은 사람이 있을 뿐이다."

- 제임스 고든

인간은 감정과 이성 중 어느 쪽의 지배를 더 받는다고 생각하는가? 소크라테스, 플라톤, 아리스토텔레스, 데카르트, 칸트, 헤겔 등과 같은 철학자는 인간이 이성의 동물이라는 쪽에 가깝다고 여기고 스피노자, 홉스, 흄, 루소, 니체, 푸코 등은 인간이 감정의 동물이라고 주장한다.

필자는 인간이 감정의 동물이라는 쪽에 더 가깝다고 본다. 프로이트가 창시한 성격의 구조에 대한 정의인 자아, 초자아, 이드를 가진 게 인간이기 때문이다. 이성이 초자아처럼 무언가 옳고 그름을 판단하는 역할을 하거나 사회화된 인격으로서의 양심, 도덕과 윤리성을 담당하고 죄책감을 느껴서 잘못된 것과 행동을 방지한다면 감정은 다소 이드의 지배를 받는다.

이드는 성격의 원초적인 개념으로 본능, 공격성, 충동, 성적인 요소들로 구성된다. 자아는 초자아와 이드 사이에서 균형을 유지하고 현실과 환상을 구분하며, 적절한 긴장성을 요구하여 문제해결을 하는 역할을 한다. 초자아, 이드, 자아가 균형을 이루어야 건강한 정신도 지킬 수 있다. 이드가 기본적인 것을 요구하면 자아는 현실적으로 그것을 어떻게 할 것인지 이드를 누르고 최선의 방안을 찾고, 초자아는 자아의 그런 방안이 과연 도덕적이거나 사회적으로 허용되는지를 판단한다.

이 세 가지 요소가 균형 있게 작용해야 정신적으로나 감정적으로 스트레스가 적은 건강한 삶을 살 수 있다. 부정적인 감정을 느낀다면 그것을 내부로 쌓아두기만 해서는 안 된다. 부정적인 감정은 적절하게 배출하여 해소해야 한다. 그것이야말로 지혜로운 감정 조절법이다.

리더, 알파, CEO들에게 흔히 "왕관의 무게를 버텨라."라는 말을 한다. 지위가 있다면 그 지위에 걸맞은 만큼의 책임이 따르기 때문이다. 감정을 잘 조절하고 지혜롭게 해소하는 것도 그 책임 중 하나다. 하지만 안타깝게도 간혹 자신의 감정을 엉뚱하게 풀거나 업무적으로 악영향을 주는 잘못된 방법으로 해소하는 이들도 있다.

초자아, 이드, 자아의 균형이 중요한 것처럼, 인간의 감정을 건강하고 지혜롭게 해소하는 것은 정신건강을 위한 기본이다. '감정을 조절한다.' 는 것은 단지 리더에게만 해당하는 것이 아니다. 자신의 감정을 잘 조절하는 것이야말로 건강한 사회성의 기본이 된다. 그래서 오죽하면 사회생활이나 직장생활을 일컬어 '감정노동'이라고 하겠는가.

일차적인 사회인 가정을 벗어나면 대부분의 사람들은 학교나 직장이라는 사회에서 지낸다. 그곳에서 많은 다양한 이들과 협업을 해야 하기 때문에 리더뿐만 아니라 직원들도 감정을 어떻게 조절하느냐에 따라 일의 성취도나 효율이 달라진다.

우리나라는 직장 내에서 어떠한 감정을 표출하는 것에 대해 굉장히 부끄럽게 여기거나 일에 있어서 프로답지 못하다는 인식이 있다. 따라서 감정을 과도하게 억누르거나 숨기려 하는 경향이 있다. 하지만 미국의 조직, 개발 컨설턴트인 마크 크레이머Mark Kramer는 "우리는 인간이기 때문에 감정을 느끼며, 그래서 직장에서도 감정을 분리할 수 없다."고 정의했다. 그러므로 감정적인 측면에서 유능한 리더와 직원이 되려면 감성 지수가 높아야 한다.

만일 야근이나 지나치게 길어지는 회의시간에 자신의 감정을 인식하는 직원이라면 스트레스와 짜증 같은 부정적인 감정이 생기더라도 이를 통제할 수 있다. 이것을 통제하지 못하면 동료들에게 나쁜 인식을 심어주거나 불쾌함을 주게 된다. 더 나아가 동료의 감정을 잘 인식하여 만일 동료들이 화가 났다면 무엇이 그들을 그렇게 만들었는지 미리 파악하는 능력이 있어야 한다. 즉, 그런 통찰력이 있을 때 내 감정도 먼저 살펴보고 대처하며 역지사지의 자세로 상대방의 입장을 이해하고 도와줄 수 있다. 그러한 통찰은 업무적 성과를 위해, 혹은 꼭 업무가 아닌 상황에서도 상호 간의 더 나은 결과물을 얻기 위해 사용한다. 감정을 생산적인 방향으로 관리하며 목적과 상황에 맞게 격화시키기도 하고 완화하기도 한다.

사실 인간의 뇌는 원래 이성보다 감성에 더 빨리 반응한다. 이 사실은 이미 과학적으로도 증명되었다. 이러한 사실을 통하여 세계적인 심리학자 다니엘 골먼Daniel Goleman은 "사고보다 감성이 더 빠르게 반응한다."고 정의했다. 이처럼 원활한 관계 형성을 위해서는 감성 지능을 후천적으로 높이려는 노력을 해야 한다. 감성 지능은 태생적으로 타고나는 것이 아니며, 평생 동안 노력하면 얻을 수 있는 능력이다. 그러므로 계속 계발이 가능하다.

상대방에게 무언가 바라기 전에 나를 먼저 점검해야 한다. 변화를 도모한다면 나를 먼저 혁신해야 한다. 감정이라는 것은 독특한 특성이 있다. 감정은 전염된다. 전문적인 심리학자나 상담 전문가, 정신과 전문의들도 우울증 환자와의 상담 속에서 환자의 자기 불신과 비하로 인한 부정적인 생각으로 표정이 변하면 그 감정이 전염되어 우울해지기도 한다.

다니엘 골먼은 '감정이 전염된다.'는 사실을 과학적으로 증명해냈다. 상대방의 감정에 따라 나 역시도 변할 수 있다. 회사나 조직에서도 윗사람의 감정 상태에 따라 사무실의 분위기가 달라진다. 가정에서도 가족 구성원의 감정 상태에 따라 그날의 분위기가 좌우된다. 이처럼 감정은 전염된다.

흔히 성공한 삶을 원한다면 진취적이고 긍정적인 감정, 마인드를 품고 살아가는 이들과 어울리라는 말도 있지 않은가. 왠지 모르게 부정적인 감정, 생각으로 가득한 이들과 같이 있으면 나 자신조차도 그런 감정에 휘말려버리기도 한다.

그렇다면 도저히 감정 조절이 되지 않아서 부정적인 감정이 쌓였을 때에는 어떻게 해야 할까? 일단 부정적인 감정의 노선을 애써 바꾸어야 한다. 몸에 건강한 자극을 주어서 부정적인 감정에서 벗어나려 노력해야 한다. 이럴 때 특히 운동이 효과적이다. 사람은 규칙적인 운동을 통해 실제로 두뇌에서 우울증을 없애는 효과가 있는 세로토닌을 분비하며, 통증을 줄이고 행복감을 증가시키는 베타 엔돌핀을 분비하게 한다. 운동은 자연적 신경안정제이므로 근육 이완을 통해 균형 있는 피로감을 줘서 깊은 수면을 유도하여 수면의 질을 높인다.

규칙적으로 쳇바퀴 운동을 하는 쥐와 그렇지 않은 쥐를 비교한 연구 사례가 있다. 운동을 규칙적으로 하는 쥐는 대장균을 주입하면 면역을 위한 백혈구 증가량이 높으며, 스트레스를 유발하는 뇌 단백질인 사이토카인이 감소해 질병에 맞서게 된다. 이때 필수 단백질인 인터류킨-2, 인터페론-g 등이 현저히 증가하고 외부에서 심리적인 충격을 가하면 뇌에서 스트레스 호르몬인 아드레날린의 양이 상대적으로 적게 분비된다고 한다.

필자는 주 3~4회는 무조건 운동을 하는 편이다. 근력운동을 할 때에는 특히 집중력이 필요한데, 이러한 상황에서는 부정적인 감정과도 같은 나쁜 감정에 집중할 여력이 없다. 그 순간만큼은 모든 부정적인 감정에서 벗어난다. 특히 달리기는 최고의 부정적인 감정 치료제다. 달리기를 지속하면 '러너스 하이'와 같은 도취감을 느끼게 되어 있다. 이를 경험한 사람들은 그 행복감을 하늘을 나는 느낌이나 꽃밭을 걷는 기분이라고도 지칭한다. 역시나 '러너스 하이'에 영향을 주는 것은 엔돌핀이다. 감정은 배설 체계와 유사하다고 했는데, 부정적인 감정을 배출하는 것도 중요하지만 긍정적인 감정으로 채울 수도 있어야 한다.

예를 들어 슬픔이나 화는 마음의 배고픔과도 같다. 누군가에게 그런 부정적인 감정에 대해 공감을 받고 그 부정적인 감정을 인정하며 내가 원하는 욕구를 채워주면 그 배고픈 감정이 채워지고 잠잠해진다. 외로우면 친구를 만나고, 슬프면 눈물을 흘리기도 하고, 걱정되면 유비무환의 자세로 미리 준비하며, 열등감이 들면 자기 발전을 하면 된다. 누군가 눈물을 흘리거나 슬퍼한다면 무조건 울지 말라는 말보다는 "무슨 안 좋은 일이 있었구나." 혹은 "무언가 하는 일이 잘 안 되어 힘든 거야?" 등 상대방의 감정과 욕구를 읽어주며 공감해주면 부정적인 감정이 해소되기도 한다.

특히 업무에 있어서는 감정에 휘둘리면 안 된다. 나를 돌아보고 상대를 이해하며 감정을 지혜롭게 표현하고 다른 사람에게도 채움을 받을 수 있는 그런 존중받는 인격체를 가진 리더가 되어야 한다.

요즘 직장인들은 성과에 대한 압박, 과도한 업무량과 치열한 경쟁, 인간관계 때문에 안 그래도 스트레스가 높은 것으로 조사되었다. 불안, 분노, 우울과 같은 대표적인 부정의 감정은 업무에 대한 집중력을 떨어지게 하는데, 리더까지 부정적인 감정으로 만사를 감정적으로 처리하면 문제가 되는 법이다. 조직과 회사의 분위기는 리더로부터 시작된다. 윗물이 맑아야 아랫물이 맑은 것 아니겠는가. 건전하고 밝은 사내 분위기,

일하고 싶은 환경을 만드는 알파, 리더, CEO가 되는 의미로 리더인 당신이 먼저 미소지어보는 것은 어떨까.

픽업아티스트에도 이너 게임Inner Game이라는 이론이 있다. 이는 단어의 뉘앙스처럼 '자신의 감정을 다스릴 수 있는 마음속의 강력한 힘'을 의미한다. 나 자신과의 싸움에서, 그리고 수많은 감정의 소용돌이 속에서도 자신을 다스릴 수 있는 이가 연애에서도 성공한다. 쉽게 말해 마음먹기에 따라 현실이 달라진다는 말이다. 운동도 마찬가지가 아니던가. 만약 부정적인 감정과 그 감정의 동요를 스스로 관리하지 못하고 자제력을 잃어버리면 내가 아무리 잘났다 한들 이를 제대로 발휘할 수가 없다. 하드웨어는 멀쩡한데 소프트웨어가 고장 나버린 컴퓨터와 같다.

스포츠 선수나 연예인 중에서도 기량이나 능력은 뛰어나지만 자신의 마인드, 감정을 다스리지 못해 폭력 사건에 휘말리거나 하여 가차 없이 무너지는 이들도 있다. 자신의 감정에 쉽게 동요되지 않는 탄탄한 내면을 구축한다면 잠재된 능력과 역량을 발휘하기도 더욱 쉬워질 것이다. 어떤 여성을 만나더라도, 비즈니스에서 어떤 상황이 생기더라도 자신의 평정심을 유지하면 그 결과도 좋다.

이너 게임을 통해 자신의 마음을 통제하고 스스로의 가치를 높게 평가하면 상대 또한 나를 쉽게 보지 않는다. 그리고 상대방을 유혹할 수 있는 확률도 동시에 높아진다. 이런 법칙을 잘 응용하면 유혹이나 연애뿐만 아니라 업무와 인간관계에서도 더욱 매력적인 리더로 인정받을 수 있다. 당신의 내면은 당신의 생각보다 훨씬 강하다.

# 진짜 '찐'으로
# 인정받는 리더가 되는 법

♟

"스스로를 다스릴 수 없는 사람은 자유로울 수 없다."
- 피타고라스

이른바 '소비 이론'이라고 하는 장애 이론Handicap Theory이 있다. 이는 천적에게 잡아먹힐 확률이 높아짐에도 불구하고 더 적극적으로 구애를 할 수 있는 수컷은 그만큼 능력이 뛰어난 배우자라는 의미로, 암컷에게 더 매력적인 상대가 될 수 있을 것이라는 가설이다. 실제로 2009년 5월, 미국의《소비》라는 책에 등장하는 밀러라는 사람은 미국인들이 10만 달러나 더 비용이 드는 하버드대의 졸업장을 따내려고 노력하며, 일반적으로 2만 5천 달러나 더 비싼 BMW 승용차를 선호하는 이유는 '짝짓기 경쟁에서 유리한 위치를 선점하기 위한 것'이라 해석했다. 다시 말해 하버드 졸업장이나 BMW는 마치 공작새 수컷의 화려한 꼬리나 깃털과도 같다.

공작새 수컷의 생존 경쟁은 눈물이 날 정도로 가열다. 최고 포식자도 아닌데 왜 거추장스럽고 화려하기만 한 깃털을 군이 펼쳐야 하는 것일까? 어찌 보면 힘이 없는 약한 생명체의 다소 부풀려진 생존 투쟁이 아닐까 한다.

한편 대단한 사람임에도 조용히 살아가기도 한다. 크게 티가 나지 않아서 통찰력이 부족한 이들은 그들을 무시하기도 한다. 마치 잠시 속세를 떠나 사람들의 기억에서 사라진 무림의 진정한 고수들처럼 말이다. 조용히 살아가는 지방 유지들 혹은 현금 부자이거나 알부자들처럼. 그러나 많은 남성들이 공작새와 같은 생존 경쟁을 한다. 꼭 연애나 자손번식이 아니더라도 약한 자신의 진짜 모습을 감추기 위해 어울리지 않는 과도한 깃털을 두르고 억지로 되지도 않는 힘을 주며 살아가는 것이다. 연애 시장에서뿐만 아니라 조직이나 회사 내에서도 이런 공작새 이론과 유사한 모습이 종종 드러나기도 한다.

사실 사람이라면 누구나 과시도 조금은 하고 싶고 인정받길 원한다. 알파가 되고 리더, CEO가 되어 자신이 한 조직이나 회사의 수장으로서 권력을 누리게 된다면 역시나 과시 욕구는 자연스러운 것이다. 하지만 공작새가 자기 몸집보다 큰 깃털을 매고 힘겹게 자기보다 더 강한 포식자들의 눈을 피해 살얼음을 걷는 상황과 같이 아슬아슬한 구애를 하는 것처럼, 리더가 허영심이 강하거나 과시욕이 심해지면 직원들의 시기나 위선, 뒷담화, 잘못된 풍문, 다른 포식자나 천적으로 비유할 수 있는 사기꾼들이 꼬일 수 있다. 허영심이나 과시욕이 당신을 지배하는 순간 과시를 위해 거짓도 진실로 만들기 때문이며, 크게 보이려 하는 공작새처럼 사기꾼들의 눈에 띄기 쉽기 때문이다.

사기꾼들의 눈에 띄게 되면 그동안 일귀놓은 사업이나 재산을 탕진하여 자신을 믿고 따르는 이들이나 가족에게 피해를 줄 수 있다. 모든 이들이 다 그런 것은 아니지만 세상에는 악인들도 꽤 많다. 사실 알고 보면 야생이나 인간 사회나 매우 비슷하다. 어떤 제조업체의 대표이사는 일부러 직원들에게 검소하고 소박하며 친근한 이미지를 주기 위해 고가의 외제차를 타지 않는다.

당신이 열심히 노력하여 경제적으로 부유해진 다음 정정당당하게 고생한 자신을 위해 외제차나 각종 귀중품 및 고가 주택 등을 소유한다면 누구도 뭐라 할 수 없다. 그리고 스스로에게나 경제적으로나 공작새와 같이 아슬아슬하고 위태롭지는 않을 것이다. 그것은 작고 연약한 공작새의 부풀려진 허황된 깃털이 아니라 진정한 자본주의적 최고 포식자의 강력한 현대 경제적 채집, 수렵 능력에서 비롯된 사냥과 채집 능력이 만든 결과물이므로.《서정진, 미래를 건 승부사: 셀트리온 신화와 새로운 도전》에서 저자가 "우리 집에는 외제차가 없다. 차는 모두 카니발이다." 라고 말한 것만 보더라도 리더의 기본은 절제력이 아닐까 싶다.

사실 진짜 부자들은 이러한 허영심이나 과시욕에 빠진 사람들의 심리로 돈을 벌거나 사업체를 창설하여 더 큰 돈을 벌어내는 진정한 경제적, 자본주의적 포식자이자 과시욕, 허영심에 빠진 사람들의 진정한 천적인 셈이다.《세이노의 가르침》에는 이러한 구절이 있다.

부자들이 돈을 버는 방법 중 하나가 뭔지 아는가? 광고와 쇼윈도를 통해 사람들에게 이렇게 속삭이는 것이다. "너희들 이런 상품 갖고 싶지? 이런 걸 갖고 있어야 너희들 인생이 폼 나게 되는 거야. (중략) 그러니 이제 걱정 그만하고 지금 구입하렴, 응? 너희들도 이 모델들처럼 완전 킹카 되고 퀸카 된다니까 그러네…."

진정한 부자들, 즉 힘 있는 사람들이자 경제적, 자본주의적 포식자들은 이렇게 부자인 척하거나 과시욕, 허영심에 빠진 사람들을 더욱더 경제적, 자본주의적으로 도태시킨다. 상품의 가치가 뛰어나거나 유명하고 비싸다고 해서 그 상품을 사용하는 사람의 가치가 동시에 올라가는 것은 아니다. 부자인 척하는 사람, 강한 척하는 사람과 진짜 부자 혹은 진짜 강한 사람은 완전히 다르다. 만약 당신이 아직 사업을 시작한 지 얼마 되지 않은 스타트업을 운영 중이거나 자리를 잡은 위치가 아니라면 더더욱 조심해야 한다.

지출보다 수입이 늘어나면 단순히 CEO 혹은 대표이사, 사장이라는 체면과 주변 시선을 의식하게 된다. 새 자동차나 새집, 각종 소비에 대한 패턴이 익숙해지면 이 습성을 고치기가 어려워진다. 만약 대출이 있는 상태인데 운이 좋아서 사업의 규모가 커졌고 그 규모만큼 커진 소비 습관을 버리지 못하면 그에 대한 대출 규모도 커지게 마련이다.

예를 들어 자동차를 할부로 구매한다고 하면 그 차는 바로 온전히 나의 소유가 아니다. 계약된 월 리스료를 모두 내고 구매하기 전에는 은행 혹은 캐피탈의 소유다. 진정한 내 소유물이 아닌 셈이다. 내가 충분히 많이 벌어놓은 돈으로 산다면 문제가 되지는 않는다. 하지만 회사가 더 번창하고 커질 것이며 수입이 더 늘어날 것이라는 아주 막연하고 낙천적인 판단으로 대출을 무리하게 받게 되면 과연 문제가 생기지 않을까? 실제로도 융자로 구매한 회사 혹은 개인의 회사는 매출과 수입이 항상 증가하는 것이 아니기 때문에 자동차의 월 리스 비용을 감당하지 못해 반납된 차량이 중고차 시장에 많이 나와 있다.

필자 부친의 친구분 중에 환경, 재해 영향평가 관련 사업을 하는 대표님이 계셨는데, 그분의 사무실 옆에 어떤 건달들이 벤츠 S600 차량을 타고 와서 자금 관련 문제 때문에 누군가와 대화하는 모습을 본 적이 있었다고 한다. 그런데 그들의 대화 내용을 들어보니 가관이었다고 한다. 타고 다니는 자동차가 벤츠 S600인데도 자금 사정이 좋지 않아 누군가에게 돈을 빌리러 왔는데 그 금액이 단돈 200만 원이었다고 한다. 옛말에 "빈 수레가 요란하다."는 말이 하나도 틀리지 않다.

필자는 대학생 시절 잠시 웨이터 아르바이트를 했던 경험이 있다. 그런데 그 업소의 대표는 자신의 결핍을 숨기고자 허세와 과시를 하는 전형적인 유형의 사내였다. 그는 케케묵은 자신의 과거와 가난했던 집안의 콤플렉스를 감추기 위해 애를 썼다. 아무도 관심 없는 자신의 자동차 가격이나, 어떤 대표이사가 타던 차를 구매했다는 이야기 혹은 과거에 자신이 무엇을 했는지와 같은 낡아 빠진 영웅담 등을 늘어놓았다. 이렇듯 자기 과시를 일삼았고 다른 직원들의 뒷담화와 무시하는 발언을 하곤 했다. 더군다나 업종 특성상 그곳에서 근무하는 종사원들은 90

퍼센트 이상이 여성이었는데, 여성은 태생적으로 사회적 지능이 높기에 사장이 빈털터리에 별 볼일 없는 사람이라는 것을 아마도 눈치챘을 것이다.

픽업아티스트에는 '높은 가치 증명DHV; Demonstration of High Value', '낮은 가치 증명DLV; Demonstration of Low Value'이라는 용어가 있다. 예를 들어 어떤 남성이 재력이 좋아서 100억 재산을 가지고 있을 때 이것을 군이 상대방이 궁금해하지도 않는데, 스스로 "나 100억 있는 남자야."라는 식으로 이야기하면 아무리 100억 재력가라 해도 낮은 가치 증명이 된다. 하지만 100억 재력가에 걸맞은 씀씀이를 은근슬쩍 보여준다거나, 경제적 비용이 많이 들어가는 취미 생활을 은근슬쩍 보여준다면 높은 가치 증명이 될 수도 있다는 것이다.

이는 사장과 직원 간에도 대입시킬 수 있다. 사장이 회사나 조직을 열심히 성장시키고 매출, 수익을 상승시켜 회사를 열심히 키워왔는데 만약 열등감에 찌든 사람이거나, 사치로 무언가를 보상받기 원하는 사람이거나, 과시욕에 빠진 사람이라면 그것은 자신이 스스로 못났으며 약하다는 것을 증명하는 셈이다.

9년 전 어느 늦겨울, 필자는 연애 멘토와 함께 청담동 C 고급 나이트클럽에 회식을 간 적이 있었다. 당시 그곳은 전국 최고 수준으로 인기 높던 곳이었다. 그런데 서울 중심가의 제1금융권 중간관리직 은행원 여성이 나에게 부킹을 온 적이 있었다.

그 여성은 커리어우먼으로서 자기 소신도 있었고, 자신이 하는 일이 국민 경제에 이바지한다는 것에 대한 자부심이 대단했다. 그런데 나와 대화를 하던 중 이런 이야기를 했다.

"옆방에 부킹을 갔는데요, 글쎄 어떤 남성이 자기는 20억짜리 집에 산다며 자랑하는 거 있죠? 그 모습이 꼴불견이어서 금방 나왔어요."

이렇듯 스스로 낮은 가치 증명을 하던 그 남성은 아무 여성에게도 호감을 끌어내지 못한 채 쓸쓸하게 해장국을 먹으러 갔고, 그 당시 사회 초년생이라 돈도 없고 비록 20억 원짜리 집도 없었지만 나는 그 여성과 연락을 주고받으며 다음 만남을 기약했다.

상황은 항상 다르지만 사람과 사람이 살아가는 모습은 다 거기서 거기다. 내가 아무리 잘났다고 한들 상대방이 먼저 알아주지 않는다면 아무런 의미가 없다. 정말 잘난 사람이라면 말하지 않아도 이미 상대방은 느낄 것이다. 자기 자랑에 빠지거나 비교 의식에 빠진 사람은 그 사람의 그릇을 스스로 드러내는 셈이다. 벼는 익을수록 고개를 숙인다고 하지 않는가. 정말 누구나 따르고 싶은 알파 메일이자 리더라면 겸손함이 자연스럽게 따라야 한다.

# 경청을 잘하는 리더,
# 매력적인 리더

---♟---

**"귀는 친구를 만들고 입은 적을 만든다."**
- 탈무드

인간에게 귀는 두 개가 있고 입은 하나인 이유는 바로 말하기 이전 상대방의 말에 좀 더 귀 기울이라는 신의 배려라는 말이 있다. 하루를 살면서 우리는 깨어 있는 시간의 70퍼센트를 의사소통에 사용한다. 그만큼 많은 말을 하고 들으면서 살아간다.

앞서 언급했던 화술, 언변 능력을 어떻게 이해하고 있는가. 달변가라고 하면 혼자서 말을 잘하는 것이라고 오해하고 있지는 않은가. 어떤 상황에서건 거침없이 자신의 의견을 적절하게 말할 수 있는 능력은 리더에게 필수다. 하지만 화술와 언변의 재료인 언어는 소통의 도구이며 소통이라는 것은 일방적이 아니라는 점을 늘 기억해야 한다.

회사나 조직은 수많은 개성을 가진 이들이 모여 살아가는 사회다. 협업을 하려면 소통은 필수다. 그런데 각자 개성이 다르고 업무의 스타일도 달라서 최근에는 아예 신입사원을 채용할 때 MBTI를 통해 미리 사람의 성향을 파악하기도 한다. 사람마다 각자 개성이 다른 것처럼 소통하려면 예측해야 하기 때문이다.

사실 경영자는 소통 능력뿐만 아니라 인간 심리의 달인이 되어야 한다. 경영은 인간의 마음을 다루며 인간의 본질에 다가가는 인간학이기도 하다. 그래서 리더는 인간에 관한 심리 분석의 스펙트럼도 넓어야 한다. 심리를 분석해야 그 사람에게 적절한 소통을 하고 그 소통 속에서 경청으로 경영할 수 있는 것이다. 혹시 경청의 한자를 알고 있는가? '경청'은 '기울 경傾, 들을 청聽' 자로 이루어져 있다. 다시 말해 몸을 기울여서, 주의를 다하여 상대의 말을 듣는 것을 말한다.

만약 자신이 언변 능력과 화술에 어느 정도 달인이 되었다고 느끼면 그때는 좀 더 나아가 상대의 인격을 더 넓은 그릇으로 받아들이는 훈련이 필요하다. 말은 그 사람의 인격을 대변한다. 경청을 할 수 있고 이를 위해 노력한다면 그 사람의 세계와 인격을 존중하겠다는 자세, 의지와 정성을 가지고 열린 자세로 듣는 경지가 되어야 한다.

사람의 마음은 누구나 어린아이와 같아서 인정받고 싶고, 자신의 말에 대해 공감받고 싶어 하는 본성이 있다. 아마도 다수의 고객들을 상대해보면 쉽게 이해할 것이다. 정말 내 주장을 말하고 싶다면 먼저 상대방의 표현 욕구를 충족시켜주어야 한다. 내가 먼저 혜택을 줘야 상대방도 혜택을 준다.

공감은 듣기에서부터 시작된다. 연애에서도 똑같이 공식이 적용될 수 있다. 어떤 여성과 친해지기 위해 능수능란한 화술과 언변 능력으로 상대방의 호감을 끌어내고 호기심과 관심을 끌어내면 그제야 여성도 경계심을 풀고 남성과 대화를 한다. 그때야말로 내가 상대 여성의 말을 경청할 타이밍이다. 필자는 화술과 언변 능력을 키우고 난 뒤 경청으로 여성에게 호감을 샀다. 일단 여성이 남성에게 호감을 많이 갖고 있다는 전제하에 여성이 편안함을 느끼면 서서히 대화를 주도하기 시작하는데, 이때부터는 여성의 말에 추임새를 넣거나 백트래킹과 공감을 해주면 그만이다.

어느 청담동의 사교 파티에서 만났던 여성과 교제했던 경험이 있는데, 그 여성은 '나에게 큰 호감을 느꼈는지' 틈만 나면 문자메시지와 전화로 자신의 모든 감정을 털어놓곤 했다. 실제로 그 여성과 통화만 하면 한 시간은 늘 훌쩍 넘겼는데, 당시 그녀의 말에 늘 경청했다.

군 복무 시절에도 후임병들의 대화와 고민 많은 애로사항을 주의 깊게 들어주곤 했다. 심지어는 한 분대의 분대장이나 최고참 서열의 선임병들도 해주지 못하는 중간 가교역할을 주로 맡았고, 기간병들 중 최고고참병이 되었을 때도 근무 시에는 주로 후임병들의 푸념과 각종 군 복무의 고충을 들어주고 공감해주었다. 그로 인해서 부대 내에서 근무를 같이 서고 싶은 선임병 중 최고라는 타이틀을 얻기도 했다.

필자는 경영을 '인간의 마음을 다루고 인간의 본질에 다가가는 인간학'으로 정의한다. 한국코칭센터 고현숙 대표는 이렇게 언급했다.

"경청의 최고 단계는 맥락적 경청으로, 이것은 말하지 않는 것까지 듣는 법이다. 말 자체가 아니라 어떤 맥락에서 나온 말인가, 즉 말하는 사람의 의도, 감정, 배경까지 헤아리면서 듣는 것을 말하는 것이다."

이를 위해서는 고도의 통찰력과 사회적 지능이 요구된다. 커뮤니케이션 학자들에 의하면 말은 전달하려는 메시지의 단 7퍼센트를 운반할 뿐이며 나머지 93퍼센트의 의미는 음성과 어조, 표정, 제스처에 실려 전달된다고 한다. 사실 알고 보면 피상적으로 누군가의 말만 듣는 것은 거대한 빙산의 일각으로 비유할 수 있다. 그래서 경청 이전에 인간의 마음과 그 본질에 다가가라는 것이다.

경청은 통찰 및 높은 사회적 지능과 합쳐져야 가장 큰 시너지를 발휘한다. 사실 경청의 고수 경지에 이른 사람은 인간에 대한 이해도가 큰 통찰력과 높은 사회적 지능을 이미 가지고 있다. 세계적인 비즈니스 컨설턴트이며 연설가인 브라이언 트레이시도 '카리스마를 높이는 가장 좋은 방법을 경청'이라고 이야기했다.

삼성그룹의 고 이건희 회장도 선친인 이병철 회장에게서 '경청'이라는 휘호를 건네받았다고 한다. 이건희 회장은 이 경청이라는 휘호를 언제나 벽에 걸어놓고 '자신이 주변의 말을 잘 경청하고 있는 것인가?' 스스로 질문하면서 삼성을 이끌어왔으며, 임직원들에게도 귀를 기울여 그들의 마음도 얻을 수가 있었던 것이다.

유교의 창시자인 공자도 "사람이 태어나 언어를 배우는 데는 2년 정도면 충분하지만 경청하는 데는 60년이 걸린다."라고 하면서 듣기의 어려움을 말했다. 외국어를 배울 때도 마찬가지다. 잘 듣는 사람이 말도 잘한다. 반대로 잘 듣지 못하는 사람은 말도 잘할 수가 없다. 그래서 처음에 언급한 것처럼 언변 능력이나 화술의 달인이 되었을 때에는 한 단계 더욱 진화하라는 숨은 메시지가 있다. 그것이 바로 경청이다.

경청하지 못하고 자기 이야기만 늘어놓는다면 이는 픽업아티스트의 '낮은 가치 증명'과도 연관이 있다. 자기 이야기만 하는 것과 자기 자랑은 결국 호감도를 갉아먹으며 오히려 못난 사람으로 인식하게 한다.

"듣는 것은 하나의 기술이다. 북적대는 방에서 누군가와 이야기를 할 때에도 나는 그 방에 우리 둘만 있는 것처럼 그를 대한다. 다른 것은 모두 무시하고 그 사람만 쳐다본다. 고릴라가 들어와도 나는 신경 쓰지 않을 것이다."

화장품 업계의 여왕이자, 자신의 가장 중요한 경영 기술로 들을 줄 아는 능력을 꼽았던 메리케이 애쉬Mary Kay Ash 회장의 이 말을 늘 마음에 담아두면 어떨까.

# 완벽한 인간도,
# 완벽한 리더도 없다

—————————— ♞ ——————————

**"사람들은 당신의 완벽한 모습을 기대하는 것이 아니다."**
- 브레네 브라운

신은 인간을 완벽하게 창조하지 않으셨다. 제아무리 잘난 사람이라 하더라도 한계가 있다. 그런데 안타깝게도 인간은 완벽을 추구하려는 욕망을 가지고 있는 게 때로는 문제를 일으킨다. 특히 지나치게 그러한 성향을 가진 리더라면 더욱 그렇다.

남들이 놀라워할 성과를 거둔다 하더라도 자신의 능력을 끊임없이 의심하는 이가 있는데, 이를 심리학에서는 '사기꾼 증후군'이라고 한다. 이는 언젠가 사람들이 자신의 진짜 실력과 모습을 알아채서 지금 자신의 모습이 가짜라는 사실을 상대방이 증명하여 들통이 날 것이라 스스로 자학하는 행위다. 그런데 그런 자신의 성향을 리더십의 발현이라고, 리더는 그래야 한다고 믿고 행동한다면 자신에게도, 자신을 믿고 따르는 동료나 부하직원들에게도 고통을 준다.

완벽주의 리더는 모든 인간관계에서 악영향을 줄 수 있다. 완벽주의가 심한 사람은 동료나 부하직원에게조차 업무를 지시할 수 없거나 조그만 실수도 용납하지 않는다. 어차피 일을 하다 보면 누구나 시행착오를 겪거나 잘못된 방향으로 나아갈 수도 있다. 하지만 그런 과정에서 사소한 일에 대해서도 완벽을 지향하게 되면 리더로서 직원들에게 부담감을 주게 되어, 스스로 생각하는 힘이 약해지고 자신감도 떨어지게 되어 수동적인 일 처리에만 익숙해진다.

특히 완벽주의를 추구하는 리더는 외롭다. 다른 사람을 신뢰할 수가 없으니 혼자 모든 것을 해결하려 든다. 이로 인해 스트레스를 받는다. 리더나 CEO라고 해서 모든 것을 홀로 다 해내는 사람은 없다. CEO가 못하는 것을 직원이 더 잘할 수 있고, 반대로 직원이 못하는 것을 CEO가 더 잘할 수도 있기 때문이다.

리더라면 완벽한 업무 처리가 목표가 되어서는 안 된다. 실무에서의 어려움은 없는지, 거시적인 관점에서 맞는 방향으로 조직의 목표를 잘 결정한 것인지에 더 많은 에너지를 써야 한다. 마감 기간은 정하더라도 직원을 믿고 맡길 줄도 알아야 하며, 실수도 포용할 수 있는 역량을 갖추어야 한다. 그런 권한의 위임이 적절하게 이루어지고, 실수에 관해 다소 너그러운 면을 보일 때 더 리더십을 발휘할 수 있고 따르고 싶은 리더로 자리매김하게 한다.

완벽주의 성향이 있으면 인정 욕구가 강하다. 완벽한 결과물을 완성해놓고도 성과물을 공개하지 않으며 피드백이나 비판에 매우 취약하기도 하다. 또한 그것을 상대의 공격으로 오해하기도 한다. 이렇듯 완벽함에 대한 인정 욕구와 부정적 피드백에 대한 취약함은 새로운 아이디어를 내는 등의 창의력을 발휘하는 데 좋지 않은 영향을 줄 수도 있다.

필자는 오래전 워킹홀리데이로 호주에서 일한 경험이 있다. 당시 한인 손 세차장 두 곳에서 근무했는데 공교롭게도 두 업주 모두 완벽주의자였다. 첫 번째 근무했던 한인 세차장의 업주는 완벽주의를 넘어 본인을 학대하며 괴롭히는 수준으로 일했다. 한국인 특유의 '빨리빨리' 정신과 완벽주의가 맞물려 직원들을 전혀 신뢰하지 못했다. 처음에는 직원들도 성실하게 움직였지만 업무에 대해 인정받지 못하는 일이 지속되니 생산성이 떨어졌고, 결국에는 사장 스스로 결과물을 만들어내야 직성이 풀리는 것 같았다. 성과는 무척 높았지만 이는 업무 성격상 자신의 건강을 해치는 결과로 이어졌다. 그 사장님은 내가 퇴사하고 몇 달 지나지 않아 극심한 허리 통증과 각종 근육 통증으로 몇 달간 요양을 했다고 한다.

두 번째로 근무했던 손 세차장의 사장님은 엄청난 다혈질 성격에 완벽주의가 더해진 분이었다. 일에만 완벽을 추구하다 보니 직원들에게는 너무 무신경했다. 완벽주의뿐만 아니라 성격이 급하고 불같은 면이 있어서 그 누구도 그 업주의 업무적 결과에 대한 비위를 맞출 수 없었다. 항상 얼굴에는 불만이 가득했고 어딘가 모르게 정서적으로 불안해 보이곤 했다. 한 직원이 추워진 날씨와 야외 작업, 독한 손 세차 세제로 인해 습진이 손과 팔목까지 생겨서 장갑을 항상 끼고서 일해야 했는데, 일이 먼저라면서 항상 닦달하여 장갑조차 제대로 끼지 못했다.

그 사장님은 손님들의 아이들이나 자신의 아이들에게는 관대했지만 직원들에게나 업무적으로는 과도한 완벽주의로 함께 일하기에 굉장히 힘들어서 퇴사율도 너무 높았다. 결국 몇 달 못 가 그 세차장은 폐업을 하게 되었다.

이에 반해 자신의 인간적인 면을 드러내 고객의 마음을 사로잡는 리더도 있다. 이케하라 마사코의 《매력은 습관이다》에서는 "매력은 갈고 닦을 수 있는 요소이며 일상생활에서 원하는 것을 얻거나 비즈니스에서 성공하고 경력을 얻기 위해서는 필요한 것이다."라고 말한다. 지인 중에 세일즈 화술의 본질에 대하여 강의하는 여성 CEO가 있다. 그녀는 리더십도 있지만 인간적인 매력이 있어 직원들과 수강생들에게 인기가 많다. 이 여성 CEO는 자신의 콤플렉스나 약점 혹은 비밀을 긍정적으로 어필한다. 그래서 만나는 이들도 거리감이 줄어들고 동질감을 느끼게 하면서 마음을 사로잡는다.

사람은 누구나 콤플렉스도 있고 약점도 있다. 그런데 대부분의 사람들은 이러한 콤플렉스나 약점을 감추고 비밀로 하여 완벽하게 보이고자 한다. 자신이 콤플렉스나 약점을 인정하면 어딘가 부족한 사람 같고 다른 사람도 자신을 부족한 사람으로 여기지는 않을지 우려한다. 하지만 사실 사람은 어딘가 빈틈이 있는 사람을 선호한다. 이 여성 CEO는 자신이 성형수술을 했다는 사실을 밝히면서 "이 코는 사실 700만 원짜리입니다. 여러분도 저를 만나시면 700만 원짜리 코를 가지고도 남는 매출이 높은 자영업자가 되실 수 있으실 겁니다."라고 말한다. 이와 같이 자신의 외모적 콤플렉스와 약점을 노출하여 이를 토대로 자신의 자신감을 오히려 드러낸다. 이러한 인간미는 오히려 매력 요소로 작용한다.

완벽주의 성향이 강한 사람이라면 이와 같은 멘트를 할 수 없을 것이다. 이처럼 리더는 약점을 인정하고 친근하게 다가가는 면이 있으면 좋다. 자신의 약점을 드러내고 소탈한 이미지로 다가가는 인간적인 면이 더 리더로서의 신뢰감을 준다. 계속 말하지만 완벽주의는 일과 인간관계 모두에서 긍정적으로 작용하지 않는다. 그런데 문제는 일단 자기가 그런 성향이 있는지조차 모른다. 안다고 하더라도 그런 성향이 있음을 인정하는 것부터 쉽지 않다. 그러므로 이 책에 소개한 대로 자신을 늘 성찰하고 바뀌려는 노력이 먼저다.

# 다양한 경험이
# 강한 리더로 이끈다

**"경험은 모든 것의 스승이다."**
- 율리우스 카이사르

"젊었을 때 될수록 많은 경험을 해보아라!"

이 말은 어른들이 젊은이들에게 많이 하는 조언 중 하나다. 그렇지 않은가? 경험은 사람을 단단하게 만들어주기 때문이다. 쓸데없는 경험을 한 것은 아닌지 그 당시에는 후회할 수도 있지만, 시간이 흐르고 나서 '살면서 쓸데없는 일은 없구나.'라는 걸 느끼곤 한다.

RPG 장르의 게임을 하다 보면 경험치가 높아야 레벨 업도 할 수 있다. 하물며 게임도 할수록 실력이 느는데 우리의 삶은 확실히 다양한 경험을 해야 풍성한 스토리와 결과로 이어지게 된다. 한마디로 인생 레벨 업에는 경험이 필수다.

인간미 넘치는 알파, 리더, CEO를 만드는 핵심은 무엇일까? 무엇이 그들 매력의 원동력이 되어주는 것일까? 바로 풍부한 경험이 아닐까? CEO, 리더라는 위치는 수많은 경험이 만든 결정체이기도 하다. 리더의 내공은 많은 경험을 쌓아서 생긴 결과물이다. 한 남성이 여성을 만나 연애하는 데에도 다양한 경험은 긍정적인 영향을 준다. 경험이 많아야 시야도 넓어지고 이해력도 높아지기 때문이다. 나 역시도 수많은 다양한 경험을 했는데, 그러한 다양한 경험을 바탕으로 여성들에게 많은 매력을 어필할 수 있었다.

요즘은 젊은 부자들이 많다. 소위 말하는 영 앤 리치Young & Rich 가운데에는 참된 인생의 경험과 수고로움을 겪지 않은 채 갑작스럽게 성공했을 때 위기를 잘 극복하지 못해 다시 그 자리에 올라가기가 힘들어지는 일도 있다.

"젊어서 고생은 사서도 한다."라는 말처럼 다양한 경험 속에서 실패도 겪어봐야 미래 성공의 토대를 튼튼하게 쌓을 수 있고 넘어져도 일어나기 쉽다.

군대에서도 사병 생활을 해보지 못한 간부들은 사병들의 마음이나 입장을 잘 헤아리지 못한다. 사회생활에서도 초년생 입장에서 아르바이트나 직원으로서의 경험을 해본 사람이 사장이 되어서도 그 직원의 마음을 잘 헤아릴 수 있다.

반대로 사장이 되었다가 다시 직원이 된 사람이나, 직원이지만 업무적으로 다양한 경험과 시행착오 등을 통해 사장의 입장을 헤아리면서 자신의 입지를 굳혀나가며 사장이 없어도 사장의 직무를 대신할 수 있을 정도가 되면 사장의 입장도 헤아리게 된다.

경제적으로 풍요로워지면 소유만큼 체험을 위한 소비를 하기도 한다. 바로 경험을 구매하는 것이다. 그만큼 직접 무언가를 해보는 것은 매우 소중하며 느끼는 강도가 크다. 그래서 여행을 가거나 운동을 하는 등 다양한 경험을 한다. 오죽하면 여행을 통해 견문을 넓히거나 새로운 사업에 관한 아이디어를 얻는다고 하지 않는가.

경험은 상대방을 치유하기도 한다. 실패를 경험하면 스스로가 실패했다고 자책하고 가슴 아파한다. 실패를 성공의 밑거름이라고들 하는데, 그 실패를 토대로 더 강한 정신력이 생기기 때문이다. 그러한 아픔을 이겨보면 나중에 비슷한 경험을 하는 이들의 아픔에 공감하는 능력도 높아진다.

처음부터 모든 것을 잘하는 사람은 단 한 사람도 없다. 단지 자신이 관심 있는 분야에서 크고 작은 실패와 성공을 반복하면서 경험을 쌓아왔고 그러한 과정에서 지금의 자신이 된 것이다.

예전에 어느 칼럼에서 다양한 직원들에게 회사 내에서 생기는 애로사항에 관해 설문조사를 한 적이 있다. 그중에서도 인상 깊었던 것은 유통, 무역, 운송회사에서 근무하던 분의 인터뷰였다. 그는 이렇게 말했다.

"경력도 없는 사장 아들이 있어요. 그는 실장 직함을 가지고 있는데, 자기가 사장 아들이라는 이유만으로 실전 경험이 많고 노련한 경력직 직원들을 노예 취급하고 갑질하며 손가락질했어요. 그게 참 힘들었어요."

그 직원은 경험이 없다는 것과 더불어 태도가 불순하다는 큰 문제점이 있지만, 이처럼 기본적으로 경험이 없는 리더는 인정받지 못해 알맹

이 없는 껍데기와도 같다.

오래전에 어느 변리사가 이런 통계를 낸 적이 있다. 스타트업 창업에 있어서 사회 경험이 많은 시니어가 성공할 확률이 높다는 것이다. 경험은 원래 생존과도 직결된다. 원시시대에 여성은 남성의 채집과 수렵, 사냥 능력을 높은 가치로 평가했다. 아무래도 경험이 많은 사람이 더 사냥을 잘해서 부족이나 가족들의 생존 가능성을 높였을 것이다. 이처럼 본능적으로 미래의 생존가치를 위해서라도 풍부한 경험은 기본이 되어야 한다.

여성 중에는 '스스로 존경할 만한가?'라는 높은 잣대로 배우자를 선택하는 사람도 있다. 이렇듯 존경받는 남성 혹은 리더가 되려면 역시 다양한 경험을 해봐야 한다. 산전수전 다 겪은 그런 도인을 떠올리면 왠지 매력적이지 않은가.

회사나 조직을 운영하는 순간도 생존과 직결된 것인데, 많은 사람들이 생계를 위해 일하는 곳이 바로 회사이고 조직이다. 많은 이들의 생존과 직결된 사장이자 리더의 처세와 수완은 그냥 거저 얻어지는 것이 아니다.

대표이사를 최고의 영업사원이라고 하지 않던가. 그래서 리더가 되기 전에 수많은 경험이 필요하다. 남성학은 연애에만 국한되어서는 안 된다. 연애도 미래의 생존과 종족 번식, 남성이라는 한 가치를 이야기하는 것인데 회사나 조직을 이끄는 수장도 연애 분야와 마찬가지로 생존이라는 문제가 달려 있다.

진정한 알파 메일이자 남성 리더라면 경험을 통한 식견을 넓히고 지식을 쌓아야 한다. 많은 것을 미리 내다보고 올바른 판단을 통해 조직과 회사를 이끌어나가야 한다.

조직이나 회사를 운영하다 보면 위기나 높아진 불확실성, 급변하는 환경 속에서 살아남아야 하는데, 복잡하고 난해한 문제에 직면하게 되면 다양성과 효용성이 필요하다. 그것은 사장뿐만 아니라 직원들의 다채로운 경험과 지식이 만나 상호작용을 통해 창의적인 해법의 실마리를 찾을 수 있다. 독서도 훌륭한 간접 경험이지만 직접 다양한 경험을 해보는 것이 리더에게는 필수다.

"잡학다식, 박학다식한 남자는 어디에서도 사랑받습니다. 그리고 그 원동력은 다름 아닌 다양한 경험입니다."

이는 어느 유명 픽업아티스트 강사의 말이다. 하다못해 전구라도 한 번 갈아보거나 전동 드릴을 다뤄본 사람이 그런 상황이 닥쳤을 때 더 잘할 수 있다.

어떤 경험이라도 좋다. 경험을 해본 사람이 그것을 발판 삼아 자신의 직무에 충실한 모습을 본다면 직원들도 신뢰감을 갖게 된다. 연애의 관점에서도 여성은 그런 남성을 '섹시하다'고 느낀다.

언젠가 지인의 가게 개업식 준비를 하다가 전동 드릴로 마무리 작업을 도와준 적이 있었다. 과거에 전동 드릴을 다뤄본 경험 때문에 아주 손쉽게 작업을 마무리했다. 무언가에 열심히 집중하는 모습에 반했는지, 그것을 지켜본 한 여성은 미세하게 필자를 대하는 태도와 눈빛이 달라지더니 만남으로까지 이어졌다.

　마지막으로 존 필츠의 다음 말을 기억하자.

　"경험하기 전에는 아무것도 현실이 되지 않는다."

# 끌리는 목소리,
# 사람을 끌어당기는 매력

"인생에는 되감기 버튼은 없다."
- 백남준

그리스 신화 속에는 바다에서 항해하는 선원들을 노래로 유혹하여 정신이 팔리게 하여 사고를 내게 하고 목숨을 잃게 만드는 공포스러운 괴물 '세이렌'이 등장한다. 이 세이렌의 어원은 '휘감는 자'라는 뜻이다. 얼마나 매력적인 목소리로 노래를 했기에 지나가는 선원들마다 정신이 휘감겨 사고가 나서 익사했겠는가.

〈퍼스트 슬램덩크〉에서 강백호 연기를 했던 성우 강수진 씨는 방송에서 "목소리만으로도 이성을 유혹할 수 있지요."라고 할 정도로 자신의 목소리에 엄청난 자부심을 드러내기도 했다.

여성은 본능적으로 중저음의 목소리를 가진 남성이 고음인 남성에 비해 사회적인 지위가 높다고 평가한다. 회사나 조직, 기업을 경영하는 CEO도 중저음 목소리를 가진 사람이 그렇지 않은 사람에 비해 상대적으로 규모가 더 큰 기업에서 연봉도 더 높고 재직기간도 더 길다고 한다.

정치인도 중저음의 목소리를 가졌을 때 톤이 높은 정치인에 비해서 유권자들에게 성격도 더 좋게 인식되고 용기도 있으며, 더욱 신뢰할 만한 사람으로 여겨진다. 연애에서도 남성은 시각적인 자극에 약하고, 여성은 청각과 후각에 예민하다고 이야기한다. 그래서 신뢰도가 느껴지는 남성적인 중저음 목소리로 여성에게 사랑 고백을 하면 성공할 확률도 높아진다. 굵직하고 중저음의 남성 연예인들도 그 매력이 배가 되어 많은 여성 팬들에게 사랑받고 관심을 이끌어내기도 한다.

돈을 부르는 목소리도 역시나 중저음의 울림 목소리라고 한다. 울림은 주파수는 낮지만 길게 전달되어 상대방에게 또렷하게 들린다. 자신의 몸에서 진한 울림이 나왔다는 것은 자신을 먼저 설득한 메시지일 가능성이 높아 더욱 신뢰감 있게 전달된다.

중저음의 목소리를 원한다면 말의 끝부분인 어미의 톤을 낮추면 된다. 어미를 높이게 되면 말이 상대방에게 날카롭게 들릴 수 있다. 발음도 정확하게 말해야 한다. 목소리는 근육으로 내는 것인데 평소에 입 근육, 혀 근육을 스트레칭하여 발음을 정확하게 해주는 훈련을 하는 것이 좋다.

목소리를 교정하거나 더 좋아지게 하는 훈련을 하다 보면 자신의 목소리가 상대방에게 어떻게 들리는지 잘 모르는 경우도 있다. 내가 말할 때 듣는 내 목소리와 상대방이 듣는 내 목소리는 다르다. 그래서 내 목소리를 교정하기 위해 녹음해보면 굉장히 괴리감을 느끼곤 한다. 필자 역시도 과거에 노래를 부르거나 무언가 청중 앞에서 연설하기 전에 목소리를 점검하기 위해 녹음하여 들어보곤 했다. 말할 때 들리는 목소리랑 녹음된 목소리랑 너무 다른 느낌에 처음에는 굉장히 어색했다. 하지만 점점 익숙해지다 보니 나도 내 목소리가 좋아졌다. 이처럼 목소리를 교정하는 연습을 하거나 점검할 때에는 스스로 목소리를 자주 녹음해서 들어보는 것이 좋다.

　사람들은 흔히 목소리만 듣고 상대방을 평가하기도 한다. 실제로 목소리는 화자가 발언한 콘텐츠보다 더 중요하다고 많은 연구에서 지적한다. 무의식, 자동적으로 목소리가 '좋다, 나쁘다'를 평가하여 호감 혹은 반감을 갖는다. 목소리는 다양한 연출로 언어 소통을 가능하게 한다. 맑은 목소리나 허스키한 목소리 등 그 상황과 유형에 따라 달리하여 자동, 무의식적으로 반응을 이끌어낼 수 있다.

　목소리는 호감을 사거나 이성을 유혹할 수 있는 강력한 무기 중 하나다. 앞서 말했듯이 청각이나 후각에 예민한 여성들이 주로 음악, 가수에 대한 반응이 큰 것도 이러한 이유 때문이다.

　1980년대나 1990년대에 발성 트레이닝이나 믹스 보이스 등 보컬에 관한 이론과 실용음악이 발달하기 전에는 가창력이 다소 떨어지는 가수들이 음색과 목소리 컬러만으로 두터운 팬층을 유지하기도 했다. 지금도 노래를 좀 못하고 말을 다소 어눌하게 하더라도 목소리가 좋다는 인식이 있으면 대부분 그 사람에게 호감을 갖기도 한다.

　예전에 어느 대학생들 다수를 대상으로 설문조사를 했는데, '대통령 역할에 가장 잘 어울리는 연예인'으로 배우 안성기 씨가 43.7퍼센트라는 압도적인 응답률로 선택되었다. 이는 그가 독특한 저음의 목소리를 가졌기 때문이라는 게 전문가들의 분석이었다. 그는 낮고 안정적인 목소리 주파수 대역과 함께 다른 배우들과 차별화된 풍부한 화음과 맑은 소리로 위엄과 강한 신뢰감을 심어준다. 실제로 그는 다양한 작품에서 굉장히 중후한 역할이나 위엄이 있거나 주인공 역할을 한다. 영화 〈실미도〉에서 그는 엄청난 카리스마를 뽐내는 군인 역할로도 찬사를 받았다.

중후한 중저음이나, 풍부한 음량 혹은 맑고 또렷한 목소리를 내는 것도 중요하지만 더 중요한 것이 있다. 바로 '안정된 속도로 천천히 말하는 것'이다. 너무 촉새처럼 빨리 말하여 내뱉다시피 하면 매력은 급격히 반감된다. '말을 빨리 한다.'는 것은 비언어적으로 무언가 초조하고 불안하며 긴장한 것이라는 뉘앙스를 준다. 이런 상황에서는 상대방이 우습게 여기거나 신뢰감이 떨어지고 내용의 전달도 엉망이 될 수 있다.

실제로 과거 연애 화법과 언변 능력에 대해 많은 연구를 하던 시절, 한 수강생은 재력도 있고 성격도 모나지 않았지만 목소리 톤이 높아서 다소 남성미가 부족하게 느껴졌다. 거기에다 빠른 속도로 말하다 보니 여성들에게 남성적인 매력과 신뢰도를 전달할 수가 없어서 유독 거절을 많이 당했다.

반면에 어느 수강생은 평소에 자신의 사업을 고도의 수완으로 잘 운영해왔고, 평소 피트니스 대회에 나갈 정도로 운동을 통해 남성적 매력을 키워왔다. 이에 더해 목소리도 영업과 세일즈에 특화된 중저음에 천천히 여유 있게 말하는 습관이 잘 갖추어져 있었다. 그렇다 보니 역시나 많은 여성들이 그에게 호감을 표현했다.

그렇다면 신뢰감이 가는 중저음 목소리를 만들기 위해서는 어떤 노력이 필요할까? 운동을 통한 테스토스테론 분비로도 목소리는 달라질 수 있다. 중량 운동이나 가벼운 트레이닝, 복식호흡, 공명 운동법 등 다양한 발성 훈련과 함께 하면 좋다. 더불어 노래 중에서 자신이 원하는 스타일 혹은 나와 음색이 비슷한 특정 가수의 목소리를 따라 해본다. 소위 말하는 알파 메일 유형의 남성들이나 정치인 혹은 기업인들, 연설가들의 강연을 통해 그들의 발성, 목소리를 따라 해보는 것도 굉장히 도움이 된다.

어떻게 목소리를 가꿔야 할지 모르겠다면 일단 원하는 목소리 톤의 모방부터 시작하길 바란다. 드라마나 영화의 주인공도 좋다. 이는 모든 이들이 원하는 이상향을 그 모델로 하기에 실제 생활에서 가능할 정도면 모방하더라도 큰 효과가 있다.

미국 듀크대학교의 한 연구팀이 목소리 피치와 최고 경영자 성공의 상관관계를 분석했던 사례가 있다. 무려 792개 기업 CEO들의 목소리와 경영지표 간의 관계를 분석했는데 흥미로운 결과가 나왔다. 바로 '중저음의 목소리를 가진 CEO는 그렇지 않은 이들 대비 더 큰 기업에서 연봉도 더 많이 받는다.'는 사실이었다. 지금 당신의 목소리는 중후한가? 자신감이 넘치는가? 맑으면서도 깊이가 있는가? 그렇지 않다면 어떤 노력을 하고 있는가?

# 알파 메일이 되려면
# 자아 성찰은 필수다

**"부끄러움을 아는 것은 부끄러운 것이 아니네. 부끄러움을 모르는 것이 부끄러운 일이지."**
- 윤동주

"네 목의 그림자가 비뚠 것은 네 목이 삐뚤기 때문이다."

이는 프랑스의 속담이다. 사실 모든 일은 환경의 탓이 아니다. 어떤 환경에서건 자신이 선택한 것이다. 자신의 습관도 마찬가지다. 정신 상태, 습관 그리고 몸가짐 등은 다 나 자신으로부터 나왔다. 그것부터 인정해야 한다.

앞서 인간미 넘치는 알파, 리더, CEO의 원동력은 경험이라고 했다. 경험을 하다 보면 수많은 시행착오를 겪는데 이러한 과정에서 중요한 것은 바로 자신을 돌아볼 줄 아는 습관이다. 실패에 대해서만 너무 돌아보며 자책하면 독이 될 수 있지만, 적절한 자아 성찰은 앞으로 나아가기 위한 확실한 자극제가 되어준다.

눈을 감고 걸으면 똑바로 걸어왔다고 느껴도 어딘가 잘못된 방향으로 벗어나거나 끝까지 다 완주하지 못하고 넘어질 수도 있다. 이처럼 자아 성찰이 없는 삶은 '눈먼 이가 목표도 없는 채로 아무 생각 없이 걸어가는 것'과 같다. 그렇다면 자아 성찰을 위한 구체적인 방법에는 어떤 것이 있을까?

필자는 예전에 연애 고수가 되길 원했다. 그래서 여성들과의 만남 후에는 그 끝이 좋든 나쁘든 항상 관련된 내용을 기록해두는 습관이 있었다. 그렇게 다년간 여성들과 쌓아온 경험의 흔적을 남겨왔다. 그러한 기록을 통해 '무엇을 잘했는지, 무엇이 잘못됐는지'를 돌아보면서 연애의 관점에서 좀 더 나아질 수 있었다. 마치 마라톤 선수가 경주를 마치고서 무엇이 잘못되었고, 호흡은 어땠으며, 달리는 자세는 어땠는지 끝까지 점검하고 그것을 기록으로 남기는 것과 같았다. '연애를 잘하는 알파 메일'이라는 완주를 위해서 말이다.

이렇듯 목표를 정하고 기록을 통해 수년간 정진한 결과, 소개팅 상대 열 명 중 한두 명조차 호감과 애프터를 얻기조차 힘든 연애적 베타 메일에서, 여덟아홉 명에게 호감과 애프터를 얻어낼 수 있는 연애적 알파 메일이 되었다.

대학생 시절에는 학비와 용돈을 벌기 위해 양말 노점을 했다. 당시 노점을 하면서도 다양한 이론과 법칙을 적용했는데, 매출을 올리기 위해 매일 메모하면서 나를 돌아보는 시간을 항상 가졌다. 그러다 보니 자리를 보는 시야와 장사가 잘될 만한 곳, 유동 인구를 파악하는 시야가 생겨서 노점을 처음 해본 사람치고는 꽤 쏠쏠한 수익을 얻기도 했다. 때로는 기본이라는 것을 알면서도 잊고 사는 경향이 있는데, 사실 순수한 어린

아이들은 자기가 알게 모르게 자아 성찰을 제일 잘한다. 바로 일기를 통해서다.

모든 어린아이들이 일기를 쓰는 것은 아니지만 어쨌건 일기를 쓰면서 그날 하루를 돌아보기도 한다. 나 역시도 학창 시절 일기를 통해 일상을 반성하곤 했다. 일기를 쓰려면 그날 있었던 사건들과 나의 대처, 태도 등 모든 것들을 돌아봐야 하기 때문이다. 주부들이 가계부를 쓰고 회사에서 회계장부를 통해 불필요한 지출을 막고 어디서 돈이 새 나가는지 미리 파악하는 것도 비슷한 맥락이다.

리더라면 이러한 노력은 필수적이다. 연애 상대는 단 한 명이고 그 수가 동시에 늘어나면 안 되지만, 조직이나 회사를 경영하고 사업하는 것은 일 대 다수의 노력이 필요하지 않은가. 그르므로 경영자로서의 자아 성찰은 그 영향력이 훨씬 크기에 정말 중요한 습관이자 능력이다.

실제로 전 세계적으로 능력 있는 CEO들이나 각 분야의 알파들은 명상을 통해 자기를 돌아본다. 미국의 세계적인 투자자 레이 달리오, 인도의 모리 총리, 일본의 이나모리 회장, 미국 여성 최대 부호인 오프라 윈프리, 천재 감독 데이빗 린치, 록의 신화 비틀즈, 세계적 보디빌더이자 영화배우인 아놀드 슈워제네거 등이 명상을 한 것으로 알려져 있다.

만약 CEO가 스트레스 관리를 소홀히 하면 직원들이 괴로워질 수 있다. 스스로 상황을 냉철하게 파악하고 여유 있게 받아들일 수 있어야 전체를 이끌 힘이 생긴다. 이런 관점에서 명상은 기록만큼 스스로를 돌아보고 대화해보는 시간을 갖는 아주 좋은 자아 성찰이다.

나도 눈을 감고 그날 하루를 돌아보거나 시작하기 전 잠깐 명상을 갖곤 했다. 조용한 곳에서 명상을 하다 보면 잊고 있었던 중요한 일이 생각나거나 새로운 아이디어가 떠오르기도 했고, 누구를 만나 어떤 이야기를 할지 등을 생각해보곤 했다. 이런 시간을 통해 평소에 잊었던 것을 돌아보면 다음에 잊어버릴 확률도 줄어들었다. 명상으로 새로운 아이디어를 얻으면, 비슷한 상황에서 그것이 번뜩 다시 떠올라 대처하기가 쉽다. 이처럼 일기와 명상은 자신을 돌아보는 참 좋은 도구다.

살면서 부끄러운 일 중 하나는 자기의 과오를 모르는 것을 넘어서 그것을 돌아보지 않는 것이 아닐까. "내 속에 내가 너무도 많아…"라는 어느 노래 가사처럼, 자기 안에 잘못된 아집이 가득하면 자신을 돌아볼 수 없다. 반대로 자아 성찰을 잘할 때 다른 이들의 의견, 조언, 충고 등도 넉넉한 마음으로 받아들일 수 있다.

앞서 예를 들었던, 목소리가 고음인데 말하는 속도조차 빨라서 여성들에게 호감을 얻기가 힘들었던 어느 수강생을 기억하는가. 그의 문제는 말하는 속도나 목소리라기보다는 사실 자아 성찰의 실패였다. 자신의 소신이 너무 강한 나머지 그 누구의 의견도 잘 받아들이지 못하는 게 문제였다. 그 수강생은 '연애적 알파 메일'이 되는 것에 다다르지 못했다.

직원들과의 관계 속에서도 마찬가지다. 자신의 성찰이 불가능하다면 늘 자신의 말과 행동을 정당화할 것이다. 그런 상황이라면 잘못된 질책도 자신의 아집 때문에 잘못인 줄 모르고 지나치게 된다. 그런 리더라면 더 이상의 성장은 불가능하다. 만약 명상이나 일기처럼 자기를 돌아보는 시간을 가질 수 있었다면 사실 미연에 방지할 수 있는 실수이거나, 아니면 미리 스스로를 점검할 수 있기 때문에 아예 실수를 하지 않았을 수도 있다.

영업을 하거나 사람을 만나 중요한 대화를 하기 직전에도 미리 어떤 말을 할 것인가에 대해서 명상을 통해 예상해보는 것이 좋다. 어떤 중요한 시험이나 수능을 보기 전에 보는 모의고사와 같은 역할을 한다. 이처럼 명상을 통하여 중요한 사항에 대해 미리 떠올려보고 예측해보는 것이야말로 리더다운 자세가 아닐까. "부끄러움을 아는 것은 부끄러운 것이 아니네. 부끄러움을 모르는 것이 부끄러운 일이지."라는 윤동주 시인의 말을 늘 기억하자.

# 나에게는 엄격하고
# 직원에게는 후한 리더가 이긴다

**"복지는 그 무엇보다도 사람을 섬기는 것이다."**
- 알버트 슈바이처

"군대는 잘 먹어야 싸운다."

"작전에 실패한 군인은 용서할 수 있어도 보급에 실패한 군인은 용서할 수 없다."

"빵은 가장 무서운 적이다. 굶주린 병사들은 단 한 걸음도 전진하지 못한다."

이는 모두 복리 후생과 관련된 명언이다. 이런 말에 동의하는가?

오래전 C사의 자동차를 판매하던 시절이 있었다. 근무하던 영업소는 내부적으로 굉장히 부패했었는데 온갖 부정부패와 권모술수, 영업소장의 경영 및 직원 후생, 복지에도 문제가 많았다. 특히 직원 복지는 그야말로 최악이었다. 예를 들어 영업소장은 전기세를 아낀다는 이유 하나로 에어컨을 설치해놓고도 절대 틀지 못하게 하였기에 영업사원들은 더운 날에도 뜨거움을 참아가며 눈치를 보다가 몰래 에어컨을 사용하는 일이 많았다.

혹서기가 되면 날이 더울 뿐만 아니라 습도가 굉장히 높아져서 작업 능률과 의욕이 떨어질 수가 있다. 그런데 사무실뿐만 아니라 전시장에서도 에어컨을 사용하는 것에 대해 굉장히 눈치를 주었다. 전시장에 전시된 차량을 보러 온 손님들이 자동차 구매를 적극 희망하다가 상담하기가 너무 더워서 나가버리기도 했다.

밖에서 고객들을 만나고 사무실에 복귀하여 업무를 보는 영업사원들은 혹서기에 작업 능률이 오르지 않아서 애를 먹은 적이 많았다. 심지어 그 영업소 내에서 계약 출고를 가장 많이 했던 어느 영업사원은 영업소장에게 인사조차 건네지 않을 정도로 영업소 내에 불화가 많았다. 회식을 할 때도 굉장히 질이 낮은 식당에만 가서 영업소장은 궁상맞은 구두쇠 같은 사람이라는 불명예스러운 타이틀까지 얻었다. 실제로 이 영업소는 당시 C라는 브랜드에서 실적이 전국 최하위였다. 그 영업소는 급속도로 몰락하다가 내가 퇴사한 지 얼마 되지 않아서 금방 문을 닫아버렸다.

인류의 역사를 통틀어 다양한 이해관계 속의 현상 중 하나인 전쟁사의 승패는 보급<sup>병참</sup>이 좌우했다. 사람과 사람이 함께 살아간다는 것도 어찌 보면 전쟁으로 비유할 수 있지 않을까. 인생이라는 것도 한 편의 전쟁과 비슷하다. 과거 초한 전쟁 시절에 항우가 유방에게 패한 것, 로마를 기습한 한니발과 아테네까지 점령한 페르시아의 몰락, 혹은 철수한 결정적 원인도 보급의 단절이다. 군사 전문가들도 불리한 전황 속에서

하수는 공격, 중수는 방어, 고수는 병참을 생각한다고 이야기한다.

과거 제2차 세계대전에서도 전차 기술력이 독일보다 부족했지만 미국이 끝내 승리할 수 있었던 건 막강한 자본력과 생산 능력, 물량 덕분이었다. 사람이나 회사, 조직도 마찬가지다. 이전에 말한 리더의 과시욕과 허영심에 관련된 내용에는 뒷심의 중요성도 내포되어 있다. 복지나 후생을 위해서는 대가가 필요하다. 예를 들어 직원들의 식비나 전기세, 혹서기에 사용하는 에어컨의 전기세 등 모든 것들은 다 비용이 든다. 고대 전쟁으로 치면 역시나 보급, 병참, 급양과 유사한 이치다.

회사나 조직은 잘 운영되는 시기도 있지만 아무리 열심히 노력해도 각종 정치적 이유나 경제적인 이유가 맞물려 쇠퇴하는 일도 갑작스럽게 생긴다. 그런데 사장이, 예를 들어 과시욕과 허영심에 중독되어 불황이나 매출 하락, 각종 비상사태나 회사, 조직의 하락세를 대비하여 아무런 준비를 하지 않는다면 불황에 견디지 못하게 된다. 경제 한파가 닥치기 전 어려운 시기에 뒷심을 발휘하기 위해서는 늘 미래를 대비해야 한다.

필자의 부친은 검소하고 합리적인 최고 경영자로 살아오셨다. 직원들의 복지, 후생, 급양에 관해서는 굉장히 후했다. 그러나 그 원동력은 가난을 타파하기 위해, 보릿고개와 어려운 경제적 불황에서 살아남기 위해 뒷심을 키우던 평생의 습관 때문이었다. 그러면서도 직원들의 복리 후생에는 아까워하지 않으셨다. 예를 들어 식사비 이외에도 건강이 좋지 않아 보이거나 지병이 있는 직원들, 영양 상태가 나빠 보이는 직원들에게는 별도로 식사비를 더 추가해서 넉넉하게 주셨다. 이는 직원들로 하여금 정말 따르고 싶은 알파, 리더, CEO의 모습으로 비춰졌고, 30년 이상 장기근속 하는 직원들도 있을 만큼 그 리더십이 통한다는 것을 몸소 보여주셨다.

평소에도 본인을 위해서는 사치하지 않으셨다. 깔끔하지만 검소한 옷차림으로 시계조차 차고 다니지 않을 정도로 근검절약의 달인이었다. 앞서 비싼 명품이나 사치품이 그 사람의 품격을 높이는 것이 아니라고 말했다. 진정한 알파 메일도 마찬가지다. 겉모습은 아무런 상관이 없다. 오히려 허례허식을 초월하였을 때 진정한 힘을 갖게 된다. 진짜 경제적인 근본이 건실한 사람들은 오히려 허술한 모습으로 비춰질지도 모른다. 이런 뒷심을 발휘하기 위해 언제나 근검절약 하는 삶을 지향하면서도, 회사 직원들에게는 베푸는 자세야말로 불황을 이기며 어떤 상황 속에서도 존속할 수 있게 만드는 힘이다.

# 당신은
# 믿음이 가는 리더입니까?

**1**

"아무도 신뢰하지 않는 자는 누구의 신뢰도 받지 못한다."
- 제롬 블래트너

부부 관계에서 무엇이 가장 중요하다고 생각하는가? 누군가와 가족이 되어 평생을 살아가야 한다면? 아무리 서로에게 반해서 결혼하고 좋아하는 감정으로 시작하는 관계라 하더라도, 아무 사이가 아닌 관계에서 가족이 될 때 가장 필요한 것은 바로 믿음이 아닐까? 연인 사이에서도 마찬가지다. 서로에 대한 신뢰를 바탕으로 쌓이는 관계이므로 한번 서로에 대한 믿음이 깨지면 관계 회복은 매우 어려워진다.

의심은 꼬리에 꼬리를 무는 습성이 있다. 그러니 일단 믿는 마음이 기본이다. 누군가를 믿는다는 건 사실 쉬운 일은 아니다. 쉽게 의심 없이 무턱대고 믿으라는 의미는 아니다. 하지만 일단 상대방을 믿기로 했다면 그 마음을 유지하기 위해 노력하는 것이 좋다.

특히 리더의 자리에서 누군가를 믿고 일을 추진한다는 것이 쉬운 것은 아니다. 그렇지만 직원들을 자신의 편으로 만들고, 잠재력을 끌어내서 회사나 조직에 플러스의 역할을 하게 하기 위해서는 일단 그들을 신뢰해야 한다.

물론 여러 가지 상황이 생길 수 있다. 일명 믿었던 직원이 뒤통수를 치거나 믿음을 저버리는 일도 생길 수 있다. 그렇더라도 일단 믿어주고 시작해야 한다. 그게 리더십이니까. 사람은 누군가의 믿음을 발판 삼아 성장한다. 사랑이라는 감정은 쉽게 변할 수 있지만, 자신을 믿어준 사람을 배신하는 일은 자기를 배신하는 일이기도 하다. 이러한 신뢰라는 속성 때문인지 혹자는 자신을 믿어주는 사람에게 목숨을 바치기도 한다.

한 기업의 창업자는 "뽑을 때는 의심하라. 그러나 일단 뽑으면 믿어라."라는 소신을 피력한다. 신뢰의 힘은 무한해서 그 믿음을 받은 사람의 능력과 잠재성을 깨운다. 그만큼 무조건 통제하려 하거나 관리하려는 리더를 만나면 자존감이 떨어지고 열정은 사그라든다. 한마디로 '일이 싫어서 이직하는 사람보다 사람이 싫어서 이직하는 수가 훨씬 많다.'는 것만 보아도 상사와의 관계가 얼마나 중요한지 알 수 있다.

예전 지인이었던 한 대표이사는 직원에 대한 믿음 경영의 대명사였다. 대표이사로서 최고 영업사원의 역할을 하여 사내 위촉직 영업사원들에게 많은 성과를 얻을 수 있도록 온 힘을 다했고, 위촉직 사원들이 사무실 외에서도 자유롭고 창의적인 영업을 할 수 있도록 지원을 아낌없이 했다.

그로 인해 많은 영업사원들은 그 대표이사를 '영업의 달인'이나 '영업의 신' 혹은 '영업의 정석', '전통적 영업 방식의 지존이자 슈퍼 메소드 을

ᄃ’이라 불렀다. 대표이사는 위촉직 영업사원들에 대해서도 늘 존중하는 모습을 보이며 다양한 의견을 존중했다. 그의 불도저같이 거침없는 영업 능력을 토대로 전국적으로 활동하는 큰 업체와 파트너십을 맺고 신입 위촉직 영업사원들이 정착하기 쉬운 형태의 시스템을 구축했다.

반대로 어떤 사장은 항상 사무실에 상주하면서 쓸데없는 명분으로 직원들을 과도하게 통제하고 믿음을 주지 못했다. 대표자로서 영업 능력이 형편없는데도 말이다. 마치 밖에서는 남들에게 한마디도 못하면서 집 안에서는 식구들에게 큰소리치는 그런 사람과 비슷하다.

성과가 좋은 직원들에게는 아무 말 못 하면서 나이가 다소 어리거나 젊은 신입사원들에게 늘 자신의 무능함을 드러내듯 화풀이했다. 업무상의 질책은커녕 별 명분이 될 수 없는 이유로도 쓸데없는 통제와 질책으로 신입사원들의 퇴사율이 굉장히 높았다. 심지어는 1년도 채 넘기지 못하고 퇴사를 하는 신입사원들이 부지기수였다. 영업 능력에 대해서 믿음과 다양한 창의성, 그것에 대한 존중과 지원은 조금도 없었다. 마치 극성맞은 시어머니가 며느리의 일거수일투족을 감시하고 들들 볶는 그런 꼴과 같았다. 사내에서 단 한 사람의 직원조차 그를 존경하고 진심으로 따르는 이가 없었다. 결국 그 업체는 얼마 가지 못하여 내부적 균열과 경영난을 견디지 못하고 폐업했다.

사이먼 올리버 시넥 Simon Oliver Sinek 의 《리더는 마지막에 먹는다》에는 이런 내용이 있다.

코스트코의 CEO 제임스 시니걸은 말 그대로 직원들을 가족처럼 소중히 여겼다. 그런 대접을 받은 직원들은 믿음과 정성으로 회사에 보답한다는 사실을 알았다. 이러한 경영 마인드는 직원들의 마음을 움직였고 그들은 회사의 따뜻한 정책 아래 회사를 인정과 믿음의 장으로 만들었다. 그는 30년간 자신의 경영관을 충실히 지켜냈다.

코스트코는 2008년, 세계 금융위기 때에도 매년 10억 달러 이상의 이윤을 남겼고 현재는 미국 내 2위, 세계 7위의 소매업체로 성장했다. '가족처럼 소중히 여긴다는 것'은 이미 직원들을 신뢰한다는 의미와도 같다. 세상에 믿음이 없는 가족은 없지 않은가. 앞서 말했듯이 믿음은 선행해야 상대도 믿음으로 보답한다. 공자는 "백성의 믿음이 없으면 나라가 바로 서지 못한다."라고 했다. 마찬가지로 직원들의 신뢰가 없는 회사도 발전할 수 없다.

사업 파트너와의 관계뿐만이 아니다. 더 중요한 것은 직원들과의 신뢰다. 직원에게 믿음을 줄 수 없다면 큰 성과는커녕 회사나 조직의 확장과 성장도 힘들다. 소규모 회사나 조직은 운영할 수 있겠지만 말이다.

지인 중 어느 종합건설 포장전문 대표는 직원들에게 전혀 신뢰가 없다. 심지어 자신의 일에 있어서는 가족조차도 믿지 않는데, 그럼에도 그는 회사를 성장시키길 원하고 업무에 관련된 교육업체도 설립하고 싶어 했다. 그러나 사람을 잘 믿지 못하는 성향 때문에 자신이 모든 영업을 다 했고, 그 영업으로 받은 일조차 모두 스스로 해야만 직성이 풀리는 듯했다. 그런데 그 대표의 이야기를 가만히 들어보니 직원들을 들들 볶았고, 무조건 자신의 기준에만 맞아야 했으며, 일거수일투족을 모두 감시하고 괴롭히곤 했다.

그 대표는 10년 가까이 혼자서 모든 일을 다 맡아야 했고 그 탓에 항상 격무에 시달리며 과도한 수면 부족, 과음과 잦은 흡연으로 인해서 건강이 크게 악화되었다. 자신과 일할 사람이 단 한 명도 없다며 항상 하소연했지만 그것은 일할 사람이 없는 것이 아니라 사람에 대한 불신 때문에 생긴 일이었다. 일을 배우며 같이 일할 사람을 구하다가 자신의 친척과 같이 일하게 되었는데 그 친척조차 3개월도 채우지 못하고 그만두었다. 아직까지도 회사를 키우고 싶어 하지만 사람 자체를 믿지 못하는 그에게는 쉽게 기회조차 주어지지 않고 있다.

직원들도 리더가 의심하면 금세 알아차린다. 그러면 직원도 사장을 믿지 않게 되는 악순환에 빠진다. 직원을 믿지 못하는 사장은 돌아다니는 근거 없는 소문에도 귀를 기울인다. 마치 의부증이나 의처증 환자처럼 말이다. 그래서 더더욱 감시하고 통제하며 모든 소문을 부풀려서 생각하게 된다. 마치 피해의식에 빠진 환자처럼 모든 직원들이 자신에 대해 이상한 이야기를 하지는 않는지를 감시하게 된다. 그로 인해 그릇된 판단을 하여 노사관계는 어긋나기 시작한다.

미국 내의 대표적인 여성 CEO로 꼽히는 세계적인 광고회사 O&M오길비 앤드 마더의 로첼 쉘리 라자러스Rochelle Shelly Lazarus 회장은 8천 명의 직원과 일한다. 그녀의 핵심 리더십은 '신뢰를 바탕으로 한 사람'이라고 한다. "21세기 창조경제에서 훌륭한 인재를 거느린 사람만이 승자가 될 수 있다."라며 이를 위해서는 부하직원들에게 믿음을 줄 수 있는 리더가 되길 강조한다.

랄트 왈도 에머슨은 다음과 같이 말했다. 그의 말을 믿고 실천하기 바란다.

"누군가를 신뢰하면 그들도 너를 진심으로 대할 것이다. 누군가를 훌륭한 사람으로 대하면 그들도 너에게 훌륭한 모습을 보여줄 것이다."

# 말 잘하는 리더는
# 이것으로 만들어진다

"인생에서 원하는 것을 얻기 위한 첫 번째 단계는 내가 무엇을 원하는지 결정하는 것이다."
- 마하트마 간디

"어디서 타는 냄새 안 나요? 내 맘이 불타고 있잖아요."

이는 드라마 〈불새〉에서 남자 주인공이 여자 주인공에게 한 말 중 가장 유명했던 멘트다. 다소 오글거리고 느끼하다고 여겨지는 이런 말 한마디는 사실 그런 느낌을 넘어 강력한 힘을 가진다. 특히 남성이 여성의 마음을 얻는 데 있어서. 이러한 말 센스는 연애에만 주효한 것이 아니다. 리더는 이런 촌철살인의 한마디로 직원들의 마음을 사로잡는 강력한 리더십을 발휘할 수 있다.

혹시 달변가는 타고나는 능력이라고 생각하는가? 어느 정도 언어 능력이 좋게 태어난 사람도 있으니 틀린 말은 아니다. 그렇다고 하여 그렇지 않은 사람은 잘 말하는 능력을 포기한 채 살아가야만 할까?

사실 필자는 20대 초반까지 굉장히 말 없고 무뚝뚝한 느낌의 사람이었다. 물론 '말을 잘하는 것이 여러 모로 성공에 유리하다.'는 것 정도는 이미 본능적으로는 알고 있었다. 그런데 뭘 어떻게 노력해야 하는지는 잘 몰랐기에 고민이 되었다. 이는 연애에서도 마찬가지였다. 남자가 여자를 만났을 때 어느 정도 어색함을 풀기 위해 남자가 나서야 하는데 그때 바로 말 한마디가 결정적일 것이라고 알고는 있었지만, 구체적인 방법을 잘 몰랐다고 해야 할까.

그런데 시간이 지나 이에 관해 연구하다 보니 역시 화술, 다시 말해 언변 능력을 키우는 것은 마치 헬스장에서 운동을 통해 근육의 양과 근력을 키우는 것처럼 훈련으로 완성되는 것이었다.

어떤 영어 학원에서는 '오럴 드릴Oral Drill'이라 하여 특정 언어를 기본으로 하는 말하기 능력을 키우는 것을 하나의 훈련으로서 받아들이게 한다. 제2차 세계대전 당시 미군은 유럽에서 사용할 언어를 숙달하기 위해서 6개월 정도 현지 언어만을 사용하게 했다. 일어나서 잠자리에 들 때까지 절대적으로 현지어로만 의사소통을 하게 하여 외국어를 숙달시킨 것이다. 이처럼 언어를 익히기 위해서는 입에 붙을 때까지 말해야 한다.

국어도 마찬가지다. 예전에 오픽OPic이라는, 듣고 말하는 구두 형태의 영어 시험을 보기 위해 공부를 했던 적이 있다. 당시 나의 선생님은 영어 전공자가 아니었고 물리치료사이셨는데, 부업으로 물리치료에 관련된 논문이나 기타 번역 작업을 하던 분이었다. 원래는 영어를 엄청나게 못했는데 단순히 노력과 반복을 통해 오픽의 최고 레벨이었던 ALAdvanced Low까지 도달하셨다고 했다. 그분은 "영어는 단순히 시험을 보기 위한 수단이 아니라 언어라는 것을 먼저 기억하세요. 입에서 단내가 날 때까지 말하면 언어는 자연스럽게 숙달되지요."라고 하셨다.

이처럼 말주변이 너무 없어서 고민이거나, 처음에 무슨 말부터 해야 할지 모른다면 언어적 뼈대와 구조를 가진 관용어구나 멘트를 외워서 사용해볼 수 있다. 그렇게 처음에는 멘트를 외워서 말하다 보면 점점 자연스러워지면서 어느 순간 내가 생각해낸 말처럼 툭툭 나오게 된다. 거기서 더 나아가 자신만의 멘트나 애드리브도 술술 할 수 있게 된다.

필자도 무슨 말부터 해야 할지 몰라서 처음에는 멘트를 외워서 했다. 굉장한 어색함을 스스로 느끼고, 상대방도 '이건 뭐지?' 싶어 긍정적인 반응이 쉽게 나오지 않을 수도 있다. 하지만 그러한 어색함은 이겨내야 한다. 그러한 노력의 반복이야말로 말주변 제로남에서 달변가 매력남이 되는 최고의 방법이다.

인간의 뇌는 두 가지로 정보를 나누어서 저장한다. 먼저 뇌의 표면 부분인 측두엽을 활용하는 서술적 기억으로 사건, 사고, 지식에 대한 것이다. 흔히 우리가 어떤 학습이나 공부에서 말하는 의미인 암기라고 여기는 것이다. 두 번째는 바로 뇌의 안쪽 부분인 기저핵, 시상, 편도체 등을 사용하는 절차적 기억이다. 여기서는 악기를 연주하거나 자동차를 운전하는 것, 달리기 혹은 수영 등 인간이 무의식적으로 행동하는 절차를 주관한다. 그런데 언어적인 영역은 이 양쪽 두뇌를 전부 활용한다. 따라서 말을 잘하기 위해서는 바로 하고자 하는 멘트를 일단 외우고 이를 계속 사용하는 것, 바로 연습을 반복해야 하는 것이다.

영어 단어장처럼 원하는 멘트를 적어 가지고 다니면서 적용해보는 것도 좋다. 그러다 보면 어떤 상황에서 어떻게 어떤 말을 해야 할지 그 감각을 익히게 된다. 미리 상황을 머릿속으로 그려보고 '이런 상황에서는 이런 멘트를 사용하자.' 등의 시뮬레이션을 해보면서 미리 스크립트를 써보고 숙달하기 위해 노력해보라.

1단계는 반드시 큰소리로 소리 내서 연습한다. 일단 서술적 기억을 위해 멘트를 스크립트에 써보고 말하고 녹음해보고 다시 들어본다. 2단계는 몸이 기억할 때까지 반복한다. 서술적 기억으로 멘트를 만든 것을 몸이 기억할 때까지 말이다. 3단계는 자신이 관심 있는 내용으로 연습한다. 특히 여자 직원들에게 유머러스한 인상을 주고 싶다면 개그맨들의 멘트를 활용해본다. 유머 코드는 분위기가 다소 썰렁해질 위험이 있기는 하지만 그래도 잠깐의 휴식 같은 웃음을 준다.

앞서 말했듯이 필자는 연애를 못 하던 때에도 여성들에게 호감과 감동을 주기 위한 멘트를 위해 일부러 평소 잘 보지 않던 코미디 프로그램, 예능 프로그램, 멜로 드라마, 로맨틱 코미디 영화를 보거나, 다양한 지식을 섭렵하기 위해 책을 읽곤 했다. 정말 책에 빠져 살던 시절에는 세 달에 50권 정도의 책을 정독했다. 멘트를 연구하면서 대표적으로 가장 인상 깊었던 드라마 중 하나는 현빈, 손예진 주연의 〈사랑의 불시착〉이었다.

과거 카사노바는 신분과 귀천을 막론하고 다양한 책을 통해서 각계각층의 모든 여성을 유혹했다. 실제로 내가 아는 한 회사의 대표님은 평소 《목민심서》나 《마키아벨리 군주론》, 《손자병법》을 즐겨 읽으셨는데, 그로 인한 영향인지 평소에도 재정적으로나 내부적으로 부패가 없고 투명하며 건강한 회사를 만들기 위해 노력했다. 그로 인해 수십 년간 일하는 직원이 있을 정도이며, 급여를 더 많이 받을 수 있는 회사로 이직하지 않고 여전히 업무적 동반자로 함께한다. 이 대표님은 사적인 자리에서는 큰 형님처럼 직원들과 허물없이 지내신다. 이처럼 독서는 말을 잘하게 하는 팁을 얻을 수 있을 뿐만 아니라 마인드를 만드는 기반도 되어준다.

많은 남성들이 아마 잘 모르겠지만 실제로 방금 이야기한 각종 코미디 프로그램, 예능 프로그램, 멜로 드라마, 로맨틱 코미디 등 이런 매체물의 대사를 쓰는 작가들은 최고의 촌철살인 한마디를 위해서 연구하고 노력한다. 실제로도 말 잘하는 개그맨들이나 심지어 작곡가들도 여성을 잘 만나거나, 잘 만나기에 굉장히 최적화되어 있다. 인간이 듣기에 가장 이상적인 한마디를 창출해내기 때문이다.

필자도 과거에 그런 각종 연애나 예능 관련 프로그램에서 남성이 여성에게 고백하는 멘트나 굉장히 인상적인 멘트를 메모해두었다가 외워서 여성들에게 자신감 있게 사용하기도 했다. 앞서 말했던 〈불새〉에서의 "어디서 타는 냄새 안 나요? 내 맘이 불타고 있잖아요."와 같은, 다소 과장되지만 마음에 남을 말은 강력한 각인 효과를 일으킨다.

여성들이 왜 드라마를 보며 대리만족 하는지 잘 생각해보라. 여성은 청각과 후각에 민감하기 때문에 다소 오글거리는 느낌이더라도 감동적인 말을 할 줄 아는 남성들을 선호한다. 그런 느끼한 말을 하면 거절당한다고 오해하는 남성들도 있지만 천만의 말씀이다.

연애로 다가가야 하는 여성뿐만 아니라 어느 여성에게나 마찬가지다. 화술이나 언변 능력, 언어적 능력을 토대로 만들어진 멘트를 연애에 만 한정 짓는 것은 너무 아깝다. 아름다운 멘트를 어머니나 할머니, 이모, 고모, 주변 여성들이나 여자 직원에게 사용해도 그 효과는 동일하다. 오히려 그럴 때 유쾌한 가족의 일원으로 관계가 더더욱 돈독해지거나, 매력적인 남성 상사로서 인간미를 느끼게 할 수 있다. 멘트의 수위는 상대와의 관계에 맞게 조절하면 된다. 어떤 여성이든 자신을 칭찬하고 부드럽게 대해주는 남성에게 호감을 느낀다는 사실만큼은 기억하자.

특히 수사학의 정수라고 불리는 '비유법Metaphor'을 적절히 사용하면 매우 효과적이다. 필자 역시 평소 종종 사용하는데, 과거 멘토를 통해서 습득한 각종 화술의 핵심 코어 중 하나이기도 했다. 다양한 개그 프로그램에서도 많은 코미디언들이 사용하는 언어적 패턴 중 하나다. 인간은 상상하는 것을 실제로 매우 좋아한다. 재미있는 상상을 하는 것은 즐거운 것이 아니던가.

무언가를 설명할 때 비유법을 응용해서 설명하는 것은 이해를 쉽게 만들어주기도 한다. 업무에서도 비유법으로 설명하면 쉽게 금세 이해하기도 하며, 유머를 할 때에도 비유법을 통해 설명하면 상상에 날개를 달아 그 효과는 배가 된다.

예전에 〈개그콘서트〉의 한 코너였던 '큰 세계'를 기억하는가. 김준현, 유민상, 김수영, 김태원, 송영길 등이 셀프 디스를 하면서, 빨간 타이즈 옷을 입고 뒤돌아서 나온 김수영 씨에게 김준현 씨는 "요 색깔에 요 라인, 마트에서 봤다."라며 "초대형 명란젓이다. 뜨끈한 밥에 먹으면 한 공기 뚝딱이다."라고 했다. "명란젓 100그램에 4천 원대라면 김수영 명란젓의 가격은 570만 원이지."라면서 웃음을 자아냈다. 이렇듯 적절한 비유로 웃음을 유발한 개그는 쉽게 잊히지 않는다.

연예인, 특히 개그맨들이나 배우들은 완벽한 대사를 위해 노력한다. 그중에서도 이병헌 씨는 말 잘하는 영화배우로 유명하다. 멋진 목소리를 가진 데다가 그는 가끔 도치법을 쓰곤 한다. 예를 들어 영어로 "아이 러브 유 쏘 머치. I love you so much."라고 했을 때 이것을 직역하면 '나는 사랑한다, 너를, 아주 셀 수 없을 만큼.'이 된다. 이렇게 결과부터 말하면 강한 인상을 줄 수 있어 다양하게 활용이 가능하다. 확실히 '나는 너를 셀 수 없을 만큼 사랑한다.'는 다소 밋밋한 느낌을 줄 수 있는데, 도치법을 적재적소에 잘 사용하면 매력적인 느낌으로 다가갈 수 있다.

tvN의 드라마였던 〈도깨비〉에서도 공유김신의 대사는 유명하다.

"나는 결심했다. 나는 사라져야겠다. 더 살고 싶어지기 전에. 더 행복해지기 전에. 너를 위해 내가 해야 되는 선택. 이 생을 끝내는 것."

무언가 애틋하고 감동적이지 않은가? 실제로도 많은 공인, 정치가, 연예인들이 이런 화법을 잘 활용한다. 말을 잘하고 싶다면 권투의 쉐도우 복싱을 기억하자. 권투 선수는 상대가 있다고 가정하고 주먹을 휘두르며 연습한다. 말하기에서도 사소한 멘트이건 중요한 영업 멘트이건 상대방을 이미지화하면서 연습하고 또 연습하자. 반복의 노력은 달변가를 만든다.

# 당신이 아직 모르는
# 카사노바의 진실

♟

"세상을 변화시키려면 먼저 자신을 변화시켜야 한다."
- 마하트마 간디

항상 강조하지만 자코모 카사노바야말로 우두머리 남성, 즉 알파 메일, 리더, CEO들의 벤치마킹 대상이다. 연애의 관점에서 카사노바를 벤치마킹하면 그저 여성 편력이 심한 남성으로만 파악하게 된다. 하지만 일반인들이 잘 모르는 사실 중 하나는, 카사노바는 여성에게 사랑을 주는 최고의 존재이기 이전에 고도의 뛰어난 사업가였다는 것이다. 사실 그는 세계 최초로 복권 사업을 도입하였는데, 카사노바를 좋아하는 많은 이들은 그가 뛰어난 사업가이기도 했다고 말했다. 특히 카사노바는 경제의 맥, 다시 말해 돈이 어떻게 흐르는지에 대해서도 기가 막히게 파악했다.

이처럼 그는 사회의 흐름을 읽을 줄 아는 사회적 지능이 뛰어났다. 사회의 흐름을 잘 알아야 이런저런 사업이나 투자도 하는 것이 아니겠는가. 어쨌건 그는 그 시대의 벤처사업가였던 셈이다. 더불어 해박한 지식으로 연애의 고객인 귀부인들에게도 호감을 사는 데 능통했다. 즉, 지적이며 유머러스하고 이성이나 고객이 무얼 원하는지 재빠르게 파악했으며, 사소한 행동에도 아주 자연스럽게 배려가 담겨 있었다.

"연애와 비즈니스는 굉장히 유사한 구조를 지녔어."

오래전 필자의 연애 멘토였던 어느 대표님은 이렇게 말씀하셨다. 역시나 나는 이에 동감한다. 고객을 정확하게 파악하고 마음을 얻어야 사업도 성장하는 것처럼, 연애도 여성의 마음을 사로잡고 그들에게 신뢰를 얻어야 하지 않는가.

필자는 제대 후 본격적으로 연애 세계에 발을 들이기 시작했는데 당시 알게 된 것은, 여성은 남성과 화법도, 생각하는 구조도 모두 다르다는 것이었다. 여성들은 남성들을 보면 이미 비언어적인 신호로 남성들을 자신들의 기준, 커트라인으로 구분한다. 이 남성이 다가오면 승낙할지 거절할 것인지를 말이다. 여성들을 상대할 때 그런 각종 수수께끼 같은 상황을 미리 예측하고 파악하려면 사회적 지능이 높아야 한다.

당시 어울렸던 몇몇 무리 중에서 여성에 대한 경험이 많은 친구가 하나 있었는데, 그 친구는 실제로도 사회적 지능이 높았다. 눈치도 빨라서 어른들이 좋아했고, 아르바이트를 성실히 하면서도 유능하다고 평가받았다. 나의 부모님도 그 친구는 정말 사랑받을 줄 아는 사람이라며 그의 사회적 지능과 여러 가지 잘 다듬어진 성품에 대해 칭찬을 아낌없이 하였고 나도 그렇게 생각했다.

과거에도 "영웅은 호색하다."라는 말처럼 힘 있고 능력 있는 남성들

옆에는 항상 여성들이 끊이지 않았다. 지금도 마찬가지다. 문화나 문명만 발달하였을 뿐 신체적인 알파 메일이나 지능적인 알파 메일들에게는 항상 그에 걸맞은 여성들이 함께한다. 스포츠 스타, 변호사, 검사, 의사는 소위 말하는 사회 지도층이자 상위 계층 직종의 알파 메일들이다. 굳이 이런 직종이 아니더라도 사회적인 지능이 높거나 흔히들 하는 말로 눈치가 빠른 남성들은 여성들과 많은 관계로 엮이기도 한다. 미리 여성의 니즈를 잘 파악하기 때문이다.

특히 영업과 연애는 매우 유사한 형태다. 영업사원들이나 비즈니스를 하는 사람들은 클라이언트나 바이어, 거래처 등 다양한 사람들의 의중을 파악하며 예측할 수 있어야 한다. 만약 어떤 사람과 계약을 할 수 있을 것이라고 혼자 판단했는데, 막상 계약 클로징 상황에서 그 사람은 아직까지 당신을 신뢰하는 단계가 아니라며 나머지 계약을 거절할 수도 있다.

여성과의 연애도 마찬가지다. 여성의 다양한 보디랭기지, 언어, 비언어적 신호를 파악하지 못하면 이 사람이 나를 좋아하는지 싫어하는지조차도 파악하기 힘들다. 그 이전에 신뢰를 쌓지 못하고 호감조차 쌓지 못하면 고백하여도 매몰차게 거절당할 수 있다. 고객을 처음 만나는 순간도, 여성을 처음 만나는 순간도 마찬가지다. 상대방의 다양한 기호와 특성을 파악해야 한다. 취미는 무엇이며, 관심도는 어디에 있으며, 무엇을 좋아하는지, 취향은 무엇인지 말이다.

밥을 먹을 때에도 마찬가지다. 고객이나 여성을 자주 만나다 보면 상대방 역시도 나에 대한 정보를 파악하고 나와 대화를 장시간 하면서 신뢰도를 쌓아가며 이 사람이 정말 믿을 수 있는 사람인지 파악한다. 같이 있는 시간이 점점 길어질수록, 접촉 횟수가 많아질수록 그 사람에 대한 호감도 역시 올라가는데 이를 '자이온스 효과Zajonc Effect'라고 한다. 온라인에서도 마찬가지다. 고객이 온라인으로 물건을 구매하려고 어떤 업체의 홈페이지에 접속했는데 자주 머무르고 자주 접속하고 접촉하다 보면 매출이 오르는 원리와도 굉장히 유사하다.

여전히 여성을 만나는 일에 있어 소질이 없거나 부족하다고 느끼는가? 걱정할 필요는 없다. 노력파 플레이보이도 있으니까. 똑같이 노력파 비즈니스 플레이보이가 되면 된다. 플레이보이는 타고나는 것이 아니라 만들어지는 것일 수 있다고 주장하는 과학자들도 있다. 경험을 바탕으로 다양한 전략을 사용하면 누구나 가능하다.

정신과 의사 파트릭 르무안Patrick Lemoine은 《유혹의 심리학》에서 "인간은 끊임없이 누군가를 유혹하기 위해 평생 노력한다."라고 말한다. 알고 보면 반려자를 얻기 위해 그렇게 노력하고 있지 않은가. 다만 규탄받을 도덕, 윤리적으로 어긋난 플레이보이냐, 아니면 정당하게 사랑을 쟁취하는 사람이냐의 차이일 뿐이다.

카사노바는 여성을 그 누구보다 존중했다. 나 또한 살아오면서 여성이라는 존재는 인생의 또 다른 스승이라고 여겨왔다. 이런 마인드라면 여성이 단지 어려운 대상이 아니라 존중하고 배울 점이 많은 또 하나의 대상으로 자연스럽게 여겨질 것이다. 그에 비례해 당신의 매력을 여성들도 쉽게 눈치챌 수 있는 것은 당연하다. 카사노바가 플레이보이의 대명사가 되기까지, 그가 그러한 위치로 자리 잡기까지 부단히 해온 숨은 노력을 눈치챘는가.

# 카사노바의 명언들
## - '카사노바의 회고록' 중에서

- 인간이 어떤 확신을 가질 수 있는 예감이 있다면 그것은 오직 불길한 예감뿐이라는 것이 나의 생각이다. 행운이 찾아올 것 같은 예감은 감정에 기초를 둔 것이며, 감정이란 언제나 어리석게도 변덕스러운 운에 기대를 거는 반면, 불길한 예감은 지성에서 나오는 것이기 때문이다.

- 나는 비록 잘생기지는 않았지만 아름다움 이상의 것을 가지고 있었다. 그것은 나에게 호감을 갖지 않을 수 없게 만드는 인상적인 표정이었으며, 나는 언제라도 그런 표정을 지을 수 있었다.

- 마음의 평화는 사랑보다 훨씬 더 커다란 매력을 지니고 있다. 다만 사랑에 빠져 있는 순간에는 그렇게 생각되지 않을 뿐이다.

# 알파 메일은
# 보디랭기지도 매력적이다

———————— ♟ ————————

"상대방에 대한 인상이나 호감을 결정하는 데 있어서 목소리는 38퍼센트,
보디랭귀지는 55퍼센트의 영향을 미치지만, 말하는 내용은 겨우 7퍼센트만 작용한다."
- 앨버트 메라비언

"고개 똑바로 들고 시선은 당당하게 정면을 응시하고 어깨 펴고 자신감
있게 다녀라."

남자라면 어린 시절 한 번쯤 들어봤을 잔소리다. 나도 가끔 들던 말
이다.

"말은 속여도 몸은 속이지 못한다."

이 말은 거짓말을 능숙하게 해도 몸짓, 보디랭기지는 속일 수 없다는
의미다. 임상심리학자인 조던 베어런트 피터슨Jordan Bernt Peterson은《12
가지 인생의 법칙》에서 제1의 법칙으로 '어깨를 펴고 똑바로 서라.'를 들
었다. 왜 그는 자세의 중요성을 언급했을까. 인간은 보디랭기지의 틀에
서 벗어날 수 없기 때문이 아닐까.

만약 한 남성이 사회적 가치가 높은 상태라면 심리적으로 안정감이
생기고 당연히 몸짓도 자연스럽게 당당하고 자신감 넘칠 것이다. 더불

어 이런 자세는 마음의 안정도 가져다준다. 의사소통에 있어서 음성적 언어와 비언어적 요소는 약 3 대 7 정도의 비율을 차지한다. 그런데 서양인에 비해 동양인은 비언어적 요소를 효율적으로 활용하지 못하는 편이다. 연애에서도 여성은 본능적으로 남성의 가치를 평가하는 데 단 3초면 충분하다고 한다. 다시 말해 남성은 여성에게 3초 만에 매력을 어필해야 한다.

픽업아티스트들이 '부트 캠프'라 하는, 실제 여성들이 많은 사회적 장소에 직접 찾아가 먼저 말을 거는 헌팅 같은 행위를 할 때도 마찬가지다. 안 그래도 낯선 장소에서는 여성의 경계심이 심한데 그걸 깨고 어필하기 위해서 알파 메일은 당당한 보디랭기지를 해야 한다. 자신감 있는 몸짓은 여성의 마음을 여는 첫 관문과도 같다. 자신감 있는 보디랭기지는 연애에만 해당되는 것이 아니다. 대표이사로서, 혹은 영업사원으로서 영업 활동을 할 경우에도 필수적이다. 능력 있는 리더는 과도하게 빠르지 않고 긴장하는 모습도 좀처럼 보이지 않는다. 활동 반경도 넓고, 걸음걸이는 힘찬 느낌을 준다.

나의 지인인 어느 대표님 두 분은 태생적으로 알파 메일의 보디랭기지를 타고났다. 그분들을 가만히 보면 외모를 떠나 남성적인 지위와 권위, 소위 말하는 포스, 오라만으로도 여성들에게 매우 인기가 많다. 같은 회사 내의 여직원들도 '대표이사는 존경할 수 있는 남성으로도, 연애 상대라고 가정했을 때도 정말 매력적인 분'이라고들 말했다.

연애하는 중에도 대다수의 여성은 자신이 만나는 남성이 존경할 수 있는지 없는지에 대해서 판단한다. 왜 여성들이 아버지 같은, 오빠 같은 남성을 선호하겠는가. 두 분 중 한 대표님은 자신의 강의 커리큘럼에서 알파 메일의 보디랭기지로 영업이나 비즈니스의 상황 속에서 신뢰감과 과감한 자신감을 표출할 수 있는 기법을 연구, 개발하기도 했다.

이런 사례로 볼 때 알파 메일이 되기 위해, 알파 메일로서 리더나 CEO의 지위에 걸맞은 사람이 되기 위해 대표적인 알파 메일들의 보디랭기지를 배우고 실천하면 좋다. 자연스럽게 몸에 익히게 만들자.

아무리 능력이 뛰어나고 잠재력이 있어도 평소 땅바닥만 보고 걸어 다니거나, 혹은 쭈뼛거리면서 말하거나 땅만 바라보고 말한다면? 거기에 들릴 듯 말 듯 작은 목소리 혹은 지나치게 빠른 톤의 목소리로 말하면 매력을 느끼기는커녕 신뢰감마저 떨어진다.

매력적인 보디랭기지는 당신이 사랑하는 사람들을 지키기 위한 보호막과도 같다. 리더는 보호의 의무가 있다. 다시 말해 가정을 꾸리고 있다면 가족구성원을, 당신이 이끄는 조직의 직원들을 보호해야 하는데 소극적인 자세로 가능하겠는가.

당신의 상품을 팔기 위해 프레젠테이션을 할 때에도 머뭇거리면서 자신 없이 한다면 그 결과는 어떠할까? 이런 상황이 계속되면 당신의 조직과 회사는 존속이 어려워질 수도 있다.

당당한 보디랭기지를 몸에 익혀야 한다. 더 개방적으로 여는 자세나 크게 보이는 듯한 자세, 가슴을 활짝 펴 내밀거나 턱을 드는 행위 등을 했을 때에는 실제로 호르몬도 달라진다는 실험 결과가 있다. 한 실험에 따르면 알파다운 보디랭기지를 약 2분간 유지했을 때 자신감과 긍정적인 자아 이미지를 주는 테스토스테론도 20퍼센트 정도 증가했다. 더불어 스트레스 관련 호르몬인 코티졸은 25퍼센트 정도가 감소했다. 또 실험자들을 좀 더 적극적이고 자신 있고 편안하게 만들었다. 이는 비언어적 행동의 중요성을 단적으로 보여준다. 이처럼 비언어적 행동은 자기 자신에 대해 어떻게 생각하며 어떤 느낌을 갖는지를 결정하게 한다. 즉, 신체가 마음을 바꾼다.

지금부터라도 늘 자신의 행동을 객관적으로 점검하려고 노력해보라. 보다 당당하게 가슴을 활짝 펴보자. 조금 극단적인 표현인 것도 같지만 나비의 날갯짓 하나로도 세상이 바뀐다고 하지 않는가. 활짝 핀 가슴과 당당한 보디랭귀지는 알파 메일을 향한 첫 날갯짓과도 같다.

# 나만의 롤모델을 만들어
# 그를 닮아가라

♞

**"롤모델은 멀리 있다고 생각하지 않는다. 같이 일하는 내 동료들이 내 롤모델이다."**

**- 이국종 교수**

혹시 동경하는 사람이 있는가? 롤모델을 찾아 그를 지향하는 것이야말로 알파가 되는 지름길이다. 그 대상이 반드시 실제 인물일 필요는 없다. 드라마나 영화를 통해 만날 수 있는 '가공의 인물'을 모방해도 괜찮다. 앞서 이야기했지만 필자는 연애를 잘하는 연애적 알파가 되기 위해 멜로 드라마나 로맨틱 코미디, 개그, 예능 프로그램을 일부러 보며 등장하는 인물을 통해 배웠고, 그것들을 현실 가능한 범위에서 실제로 상황에 적용하니 엄청난 결과로 이어졌다. 그러므로 이는 믿어도 좋다.

지금은 MZ세대가 대세이고 그들에게 맞는 리더십을 발휘해야 하는 시대다. 드라마 〈미생〉은 정말 현실적으로 직장인의 삶을 그려서 많은 이들에게 카타르시스를 느끼게 했다. 그 직장인의 삶과 그 속에서 이상적인 알파, 리더, CEO를 그리는 드라마도 많았다. 이상향理想鄕은 우리가 고려할 수 있는 범위 내에서 최선의 상태를 갖춘 완전한 사회를 말한다. 대개 문학에서도 화자나 그 창작물을 만든 창조자가 도달하고자 하는 목표로 설정되는데, 각종 매체물이나 문학 등에서 등장하는 모든 묘사는 인간의 이상향에 가까운 법이다.

왜 어린아이들에게 '권선징악勸善懲惡, 정의正義'에 관련된 매체물을 보게 하여 그들을 올바른 인격체로 키우려 하겠는가. 여성이 드라마를 즐겨 보는 것도 남성으로부터 그런 만족을 느끼지 못하여 대리만족을 하기 위함이다.

나 역시도 때로는 힘든 상황이나 어려울 때 드라마를 보면서 대리만족을 하기도 한다. 한때 각종 갑질이나 사람들에게 억울한 일이 생겼을 때 그것을 대신 해결해주는 해결사를 그려낸 드라마 〈모범택시〉를 보면서 왠지 모르게 가슴속에서 진심으로 우러나오는 통쾌함을 느끼곤 했다.

'알파 메일'은 미국에서 유래된 단어인데, 한국말로 직역하면 '우두머리 수컷'이다. 실제로 미국에서는 우두머리, 다시 말해 리더의 보디랭기지, 말투, 심지어 악수하는 방법까지 모방하여 가르치는 세미나가 있다. 할리우드 영화에서도 주인공이나 알파 역할을 주로 맡았던 영화배우 톰 크루즈 주연의 〈탑건〉, 혹은 알파 메일의 교과서이자 영화의 대표작인 〈007〉의 주인공 피어스 브로스넌 주연의 〈토머스 크라운 어페어〉 등이 있다. 〈007〉 시리즈 제임스 본드의 캐릭터를 자세히 살펴보면 알파 메일의 특성이 모두 담겨 있다.

장담컨대 〈007〉에서 묘사되는 제임스 본드의 알파 메일적 특성 10분의 1만 현실에서 능숙하게 모방한다면 당신을 알파 메일로 보이게 하여 그 매력도는 급격하게 상승할 것이다. 이를 믿지 못한다면 당신은 알파가 될 자격이 없다. 더불어 그런 것들을 잘난 남성들만 할 수 있다고 지레 포기한다면 그것도 마찬가지다.

대표적인 알파 메일을 묘사하는 영화 중 하나는 제이슨 스타뎀 주연의 〈트랜스포터〉 시리즈의 주인공 '프랭크'다. 이 역시도 〈007〉 시리즈의 제임스 본드와 유사하지만 다크, 안티 히어로적인 느낌이 살짝 가미되었다. 마치 배트맨 시리즈의 배트맨 같은 느낌이랄까. 약간 츤데레스러운 느낌도 있다. 여성에게 혈안이 되고 과도하게 어떻게 해보려 하지 않거나, 위기의 순간에 기지를 발휘하고 여성이 감동받을 만한 감성과 치명적 언행을 할 수 있으며, 여성이 반할 만큼 보이지 않게 아이들을 사랑하는 마음이 있고, 마지막으로 자신의 직업에 프로페셔널한 정신을 발휘하여 의뢰인을 끝까지 책임진다.

사실 조직이나 회사를 이끄는 수장의 입장으로서 마지막의 마인드로 만사를 책임진다면 조직과 회사를 성장시키는 데 큰 디딤돌이 될 것이다. 〈007〉 시리즈의 제임스 본드도 마찬가지로 여성의 꽁무니만 쫓아다니는 얼간이가 아니며 어떤 여성에게도 매력을 심어줄 수 있는 능력이 있고, 자신의 연인으로 항상 등장하는 본드걸을 어떤 상황에서도 책임진다. 여성을 대하는 순간이나 위기의 순간에도 능숙하고 여유롭게 헤쳐나간다.

문화와 문명만 발달하였을 뿐 사실 인간의 역사는 그 삶의 모습이 항상 되풀이의 연속이다. 삼국시대에는 심지어 알파 메일들만 따로 분류하여 선출하고 그들을 호국護國의 간성干城이나 인재로서 삼는 풍습이 있었다. 그것이 바로 신라의 화랑도다. 대략 천 년 전 신라에서는 알파 메일들만 따로 선출하여 육성하는 제도가 있었다.

실제로《삼국사기三國史記》에는 "귀한 집안의 자제 가운데 아름답고 능력이 우수한 남자를 뽑아 곱게 가꾸고 단장시켜 꽃다운 사내, 화랑花郎이라는 이름으로 부르게 했다."라는 이야기가 있다. 과거 드라마 〈선덕여왕〉에서 등장한 김유신, 김춘추, 비담, 하종, 알천랑 등은 모두 화랑 출신이다. 이수광 저자의《신라를 뒤흔든 16인의 화랑》에도 '신라의 최전성기를 상징하는 화랑, 외적으로는 고구려와 백제에 비해 열세한 신라의 군사력을 보강하면서 정신적 지주로 활약했고 내적으로는 법흥왕 이후 왕권 강화의 선봉으로 활약하다가 삼한통일이라는 대업을 이끌어낸 주역.'이라는 구절이 있다.

바로 화랑은 실제 과거의 알파 메일이나 다름없다. '화랑'이라는 것의 의미가 강력하여 암묵적으로 모두에게 알파 메일로 인식되고 그로 인해 심지어 실제로도 일본 게임회사인 '남코'사에서 제작한 격투 게임인 '철권' 속 한국인 캐릭터를 '화랑'이라고 이름 지었을 정도도. 외형적으로도 굉장히 훤칠하며 아름답고 거침없으며 테스토스테론이 넘치며 진취적이고 도전적인 남성 캐릭터다. 이를 등장시켜 주인공인 카자마 진의 선의의 라이벌이자, 자신의 스승인 백두산을 마치 자신의 아버지처럼 깍듯이 여기는 예의 있는 열혈 태권도 문하생으로 묘사한다.

화랑이나 〈007〉의 제임스 본드, 〈트랜스포터〉의 프랭크 모두 비슷한 면모를 갖추고 있다. 사명감을 가지고 누군가를 보호하고 지킨다. 큰 조직이나 회사, 국가 수장으로서의 역할을 하던 현대와 고대의 진정한 알파 메일이다. 이제부터라도 드라마나 영화 혹은 가공의 인물을 가볍게 여기지 말자. 극 중 캐릭터를 잘 분석하고 그들의 내면의 힘은 어디에서 비롯되는지 살펴보라. 그리고 그들을 모방하자. 위인만이 롤모델은 아니다. 스승은 도처에 있다.

# 때로는 사이비 교주처럼
# 마음을 사로잡아라

♞

"진정한 카리스마는 충성심을 끌어내는 데 있지 않다.
매 순간 당신이 타인과의 관계에서 얼마나 충성스러운 모습을 보이는가에 달려 있다."
- 올리비아 폭스 카반

수년 전, 동네에 살던 한 대학교 동문이 사이비 종교에 잠시 빠진 적이 있었다. 그는 심지어 나에게 전도까지 하려 했는데, 나는 그가 그곳에서 빠져나올 수 있도록 나름대로 노력했다. 이런 상황에 대해 그의 부모님, 가족과 함께 의논했고 이를 통해 그가 잘못된 사이비 종교의 세뇌에서 빠져나올 수 있도록 도왔다. 다행히도 그는 사이비 종교의 마수魔手에서 빠져나와 나에게 이런 말을 했다.

"여태껏 살아오면서 세상의 모든 이들이 나를 버렸고 나의 꿈이 짓밟히던 기분이었어. 그런데 그 종교에 빠져 있는 동안에는 모두가 나의 꿈과 희망을 응원하고 인정해주었거든. 그래서인지 그들과의 맹세를 배신할 수가 없었어. 여태껏 살면서 내가 인정받고 높임 받았던 곳은 그곳이 유일했던 것 같아. 그래서 그들의 바람대로 꿈을 함께했지."

이처럼 그는 종교와 관련한 신념이 있었다기보다는 자신의 마음을 잘 알아준 것에 마음을 빼앗겼던 것이다. 각종 불운과 문제로 사회생활에서 많은 실패와 고초를 겪었던 그였고, 아무리 열심히 일하고 성실함과 결과를 보여줘도 업주나 사장들에게 인정받지 못한다거나, 오히려 배신당하기도 하고 뒤통수를 맞는 불운한 사회생활의 연속이었다고 한다. 그는 진정으로 사회에 이바지하는 한 사람으로서 역할을 다하고 싶었다고 했다. 사회생활을 하면서 다소 미숙함으로 인해 스스로 문제를 미처 파악하지 못하고 대처한 것일 수는 있지만 말이다.

우리나라 사람들은 칭찬에 다소 인색한 편이다. 나는 초등학생 시절, 영어 영재로 여겨지던 때가 있었다. 그런데 중학교에 입학하고 나니 입시 위주의 시험과 문법 중심의 영어 수업으로 인해 영어에 흥미를 잃었다. 하필이면 나에게 영어를 가르쳐주던 학원 선생님은 칭찬에 굉장히 인색했는데, 당시 그 선생님의 딱딱한 교육 방식으로 인해 영어에 흥미를 완전히 잃어버리고 고등학교 3학년 때까지 영어 점수는 바닥을 면치 못했다. "칭찬은 고래도 춤추게 한다."라는 말은 진짜였다.

나 역시도 군대를 제대하기 전까지는 칭찬에 인색한 사람이었다. 괜히 칭찬을 하면 아부하는 느낌이 들고 왠지 모르게 자존심이 상하는 느낌을 받았기 때문이다. 군 제대 후 잠시 영어 회화 학원에서 캐나다 원어민에게 수업을 들었던 적이 있는데 그녀는 칭찬을 굉장히 잘했다. 잠시였지만 그녀에게 수업을 받는 동안은 어른이 된 이후로 영어를 처음으로 즐겁게 배웠다.

사람은 누구나 사랑과 인정, 칭찬을 원하고 배신을 두려워한다. 오카다 다카시 저자의 《심리 조작의 비밀: 어떻게 마음을 지배하고 행동을 설계하는가》에는 이런 구절이 있다.

"사회적 동물인 인간의 인정 욕구는 상당히 강력해서 자신을 인정해주는 존재에게는 긍정적인 감정과 충성심을 갖게 된다. 그 결과 자신을 인정해주는 존재를 배신하는 행위에는 강한 심리적 저항을 느끼게 된다."

이 책의 저자도 과거 사이비 종교에 입단하여 바깥 사회에서 느끼지 못한 애정 공세를 받았다고 한다. 그 무리 중에는 용모가 아름다운 여신도 있었다. 이 세상의 모두가 그를 욕하고 비난하며, 아무리 성실하고 열심히 잘 일해도 사회의 일원으로 인정하지 않았지만 그 집단에서는 '우리는 함께이고 당신은 초월적이고 초자연적인 존재에게 선택받았다.'는 생각을 심어주었다. 그 사이비 종교 단체의 중간 관리자들과 친밀도가 높아진 몇몇 이들은 그의 정신을 더욱더 잠식시켰고 단계적으로 끌어들였다. 다시 말해 자신을 인정해준 이들은 분명 선한 이들이니 그런 사람들이 사이비 종교는 아닐 것이라는 잘못된 확신이 들게 된다.

나의 동창은 그동안의 노고와 학창 시절의 과도한 학업으로 인한 스트레스, 그 이후에도 사회에 나와 보상받지 못했다는 사실에 힘들어했고, 이로 인해 인정받고 싶었던 그의 욕구는 극대화되었다. 하지만 그들은 "당신에게는 또 다른 삶의 사명이 있다."며 세뇌했다. 심지어 그 사이비 종교에 한창 빠져 있던 때에는 직장도 그만두고 공동생활 집합소에 들어가 몇 달간 생활했다.

자신을 관리하는 그 사이비 종교의 어느 상급 관리자가 정말 극진히 대접하고 인정하고 칭찬해주어서 도저히 배신할 수가 없었다고 한다. 부드럽게 대하고 강력하게 칭찬하고 인정하여 그 조직을 나가는 순간 그를 배신하는 것처럼 느껴지게 했다.

여전히 길거리에서는 몇몇 사이비 종교를 포교하는 이들을 만나기도 한다. 실제로도 그들은 점점 기업화되고 고도로 지능화되어 많은 사람들을 세뇌시키고 그들의 고혈을 짜내기도 한다. 정말 지능이 높고 사회적으로 명망이 높은 사람들도 사기를 당하고 뒤통수를 맞는다. 그 사이에는 사람의 마음을 어루만지는 강력한 칭찬과 인정의 힘도 있다. 사이비 종교의 교주들이나 그들의 수족手足이 되어 일하는 관계자들은 소외되거나 외롭거나, 혹은 인정 욕구가 강한 사람들이나 과도하게 높은 이상을 지닌 사람들을 꼬드겨 그들의 목적을 달성케 하는 도구로 사용한다. 배신할 수 없도록 정말 교묘하지만 부드럽게 대한다.

같은 칼도 누군가가 쓰면 사람을 살리는 칼이 될 수도 있고, 또 누군가가 쓰면 사람을 죽이는 칼이 될 수도 있다. 다시 말해 이를 순기능적으로 이용하면 리더로서 진정 자신의 사람을 만들어서 조직과 회사를 올바르게 이끌어나갈 수 있게 된다.

어느 교육업체의 대표님은 이와 유사한 리더십을 사용하는데, 그녀는 칭찬과 인정을 굉장히 잘한다. 그분의 교육 방식과 수강생들이나 잠재

고객들을 대하는 방식도 깃털처럼 부드럽다. 심지어는 도저히 아름다움이나 긍정적인 면을 찾을 수 없는 곳에서도 아름다움이나 긍정적인 면을 찾아내서 칭찬과 인정을 만들어낸다. 이런 매력으로 인해 그녀를 좋아하는 사람들이 굉장히 많다.

어떤 수강생은 그 대표가 수강료 환불 관련 문제로 고뇌할 때 환불을 요구하며 진상을 부리던 수강생에게 직접 찾아가 마치 자기 일인 양 엄포를 놓고 대신 화를 내며 "당신이 어떻게 대표님을 배신할 수 있어요?"라는 말까지 했다. 이처럼 리더라면 마음에 스며드는 인정의 리더십을 펼칠 줄 알아야 한다. 사이비 종교의 교주처럼 상대방 그 자체를 인정하는 것이야말로 마음을 사로잡는 강력한 리더십이다.

# 여직원들에게 어필하는
# 회식은 따로 있다

회식을 반기는 직원보다는 오히려 업무의 연장이라고 여기는 젊은 세대가 많다. 특히 MZ세대들은 워라벨의 균형을 중요하게 여긴다. 그래서인지 남녀 직원을 불문하고 아무리 맛있는 것을 먹는다고 해도 그다지 반기지 않고, 업무 이외의 사적인 휴식과 힐링의 기회를 뺏는다는 인식이 있다. 그러므로 이왕 회식을 한다면, 조직이나 회사 내에 여직원들이 많을 경우 여성의 성향에 맞는 이색적이고 민주적이며 감성적인 회식을 해보는 것은 어떨까?

먼저 여직원들의 음식 취향을 미리 파악하면 좋다. 연애할 때에도 미리 데이트 장소를 알아보는 것처럼 말이다. 남성은 보통 강렬하고 자극적인 풍미를 가진 음식을 선호한다. 하지만 여성들은 좀 다르다. 여성들은 회식 장소의 분위기나 어떤 종류의 요리인지 등에 민감하다. 먹는 것을 좋아하지만 음식 맛과 더불어 그 식당의 분위기도 중요하게 여긴다. 풍미와 분위기에 좌우된다고나 할까? 소탈하고 평범한 것을 선호하는 이들도 있지만 말이다.

그렇다면 여자 직원들과의 회식은 과연 어떤 장소가 괜찮을까? 대표적으로 너무 시끄럽기만 한 삼겹살집에서 소주를 마신다거나, 무조건 고깃집이나 허름한 한식집을 선호하기보다는 분위기 있는 경양식집이나 이태리 음식점, 혹은 웨스턴 느낌이 풍기는 바(bar, 여성들이 남성을 주로 접객하는 모던 바는 제외), 아니면 가볍게 와인 한잔을 마시며 가벼운 안주를 즐길 수 있는 정도가 적당하다.

과도하게 음주를 권하거나, 독주 혹은 폭탄주를 권하는 것도 이제는 시대착오적인 행위다. 독한 술보다는 유행하는 가벼운 과실주나 와인 같은 술을 권하는 것이 센스 있다. 회식의 목적은 술이 아니라 조직원끼리의 단합과 화합이 아니던가?

술은 절대 강요해서는 안 된다. 회식을 피하게 되는 이유는 음주 탓도 있기 때문이다. 회식 참여를 강제로 강요하고 술까지 권하면서 다음 날 업무에 지상이 없기를 바라는 것은 너무 구시대적이고 강압적이고 과도한 낡은 기업문화 아니던가? 이처럼 회식도 민주적으로 주관하되 여직원들을 배려하여 여성의 취향에 맞는 회식 장소와 음식, 술을 자율적으로 적당히 조절하자. 꼰대 리더가 되지 않으려면 말이다.

## PART 3

# 진정한 리더십 스킬 편

알파 메일, 리더의 차별화된 그 세 번째 요소, 진정한 리더십

# 시야는 크고 넓게,
# 마음은 따뜻하게,
# 말은 정확하게,
# 행동은 올바르게

# 당신의 업무 지시는
# 과연 정확하고 올바른가?

♟

"감성 지능은 인생에서 성공의 진정한 열쇠다."
- 다니엘 골먼

그 어떤 산업보다 경쟁이 치열한 뉴욕 패션계에서 성공한 여성 CEO가 있다. 데드라인을 명확하게 엄수하는 그녀의 비즈니스 철칙은 '근무 시간 내의 업무 집중도를 상승시킨다.'는 것이다. 어느 날 그녀는 콘셉트 점검을 위해 '한 시간 내에 관련 아이디어 다섯 개를 낼 것'이라는 미션을 주고 자리를 잠시 비웠다고 한다. 그런데 역시나 직원들은 명확한 업무 지시에 익숙한 듯 제한 시간 내에 미션을 완수했다.

일하다 보면 의외로 그 일의 명확한 데드라인도 알지 못한 채 확실하지 않게 일이 진행되기도 한다. 일을 할 때에는 구체적인 방향과 일정, 그리고 '무엇을, 왜, 언제, 어떻게' 등을 명확하게 제시해야 한다. 그래야 효율적으로 일할 수 있다. 업무 지시를 명확하게 하지 못하면 불필요한 업무만 반복될 수 있다.

나는 고등학생 시절부터 사회를 일찍 경험했기에 이러한 문제점에 대해 알고 있었다. 어두운 밤에 항해를 하려면 등대가 필요하고, 성능이 좋은 기차도 철로가 있어야 달릴 수 있다. 만약 당신이 누군가의 관리자이자 업주, 사장이라면 당신은 채용한 인재들을 위한 등대 같은 존재가 되어야 한다. 어떤 유행가에는 '지금까지 내가 걸어온 길은 누군가가 내게 준 걸 따라간 것뿐'이라는 가사도 있다. 리더는 바로 직원들에게 이런 존재이지 않은가.

우리말은 참 오묘하다. '아' 다르고 '어' 다르다. 그런데 종종 어떤 이들은 자신의 의중을 알아서 파악해주길 바라는 다소 이기적인 마음으로 살아간다. 그러면서 해석의 여지가 많은 업무 지시를 불분명하게 해놓고서 그 결과물이 마음에 안 들면 "정말 센스가 없네.", "너는 일머리가 없구나.", "넌 이런 것도 못 알아듣니?"라며 핀잔을 준다. 이런 말을 듣는 입장에서는 정말 어처구니가 없는 상황인 셈이다.

나 역시도 사회생활을 하면서 다수의 업주들이나 관리자, 중간관리자들이 애매모호하게 업무 지시를 해서 곤란했던 적이 한두 번이 아니다. 경험이 많이 부족했던 사회초년생 시절에는 정말 힘들었다.

계속 말하지만 리더라면 올바른 지시로 업무에 관해 정확한 가이드를 제시해야 한다. 부하직원들의 업무 처리가 맘에 들지 않는가? 그렇다면 지적하기 이전에 먼저 당신이 얼마나 명확하게 업무 지시를 했는지 돌아보기 바란다. 리더나 CEO의 입장이라면 세부적인 요소를 모두 검토할 중요한 사안이 될 수 있지만, 어느 정도의 권한은 담당자에게도 위임할 수 있어야 한다. 너무 세세한 업무까지 신경 쓰면 숲 전체를 볼 수 없다는 것을 명심해야 한다.

　열심히 일하는 사람이 능동적으로 되려면 어느 정도의 권한이 주어져야 한다. 육아도 마찬가지다. 부모가 자식의 모든 것에 다 관여하고 아이를 수동적으로 만들면 여러 면에서 성장에 장애요인이 되는 것처럼, 리더도 부하직원에게 어느 정도 위임을 하고 책임을 지게 하는 것이 좋다.

　권한의 위임은 창의적으로 일할 수 있게 하는 기반이 된다. 조직이나 회사는 성과를 내야 한다. 그런데 지시가 불명확하면 부하직원들은 힘들어지고 리더의 리더십을 의심하게 된다. 우리글에 왜 육하원칙이 있는지 한번 잘 생각해보길 바란다. 업무 지시가 정확하지 않은 것은 업무에 대해 정리가 되어 있지 않다는 의미다.

　리더는 괜히 연봉이 높은 것이 아니다. 그만큼 더 무거운 책임이 주어지고 더 강력한 권한이 있기 때문이다. 그 책임과 권한에 걸맞은 정확한 지시를 하려면 먼저 업무의 흐름과 맥을 잘 짚어야 한다. 스스로 게을러서 일의 맥락을 정리하지 않는 것은 리더로서의 책임을 다하지 않은 것과 같다. 이런 리더와 일을 하는 부하직원들은 조직과 회사가 언제든 퇴사하여 자유를 찾아야 하는 곳으로 변질된다. 아주 전형적인 사람 때문에 스트레스를 받게 되는 형태인 셈이다. 이렇게 끝나면 차라리 다행일 수도 있다.

　어떤 부하직원은 스트레스가 축적되어 업무 지시를 정확히 하지 않았다고 반론할 수도 있다. 이때 자신이 리더이고 관리자라는 계급과 그릇된 권위적 의식으로 인해서 소위 말하는 '계급으로 짓눌러버린다.'라는 식으로, 그저 상급자라는 태도로 우기게 되면 결과는 불 보듯 뻔하다. 실제로 자신이 그릇된 방법으로 애매모호하게 지시한 사실을 알고 있어도 괜한 자존심 때문에 우긴다면 그것도 문제다.

앞서 '리더라면 자신을 돌아볼 줄 알아야 한다.'고 말했다. 아마 이런 상황에 처해도 부하직원들은 울며 겨자 먹기로 '회사생활이 원래 그런 거지.' 하며 씁쓸하게 넘어가거나, 생계가 걸린 일이므로 그냥 참는 것이 다반사일 것이다.

리더와 부하직원이 개인 대 개인으로서 소통이 되지 않는다면 조직과 회사에 균열이 생기고, 성과의 저하로 이어지게 된다. 개인 대 개인의 문제로 끝나면 차라리 다행일지도 모른다. 어쩌면 정확하게 지시하는 것이 귀찮다고도 생각할 수 있는데 그것은 천만의 말씀이다. 만약 전쟁터였다면 모두 전멸당했을 것이다. 상부의 명령을 제대로 이해하고 파악하지 못했는데 어찌 군대가 움직이겠는가. 그냥 그대로 궤멸이다.

필자는 고등학교 시절, 정확한 업무 지시에 대한 중요성을 일찍 파악했고, 대학교에 들어가 많은 아르바이트를 하면서 실제로 이것이 얼마나 중요한 사항인지에 대해서 스스로 검증을 하기 위한 시도를 했다. 마치 실험처럼 말이다.

대학생 시절, 잠시 휴학을 하고 아르바이트를 하는 학생들을 관리하는 직원으로 일한 적이 있었는데, 그곳에서 신입 아르바이트를 지원한 학생들의 업무 교육을 담당했다. 당시 리더로서 삶과 인생을 배우며 미래의 리더를 키우는 사람으로서 자리매김하겠다는 생각으로 온 힘을 다해 근무했다. 아르바이트하는 학생들이 올바르게 업무를 할 수 있도록 업무 지시를 정확하게 했다. 사소한 일이라도 말이다.

그러던 어느 날 한 여학생이 아르바이트 형태의 근무자로 입사하였고, 나는 업주의 명령으로 오픈 준비 때 그 여학생의 전담 교육을 맡았다. 이미 모든 업무에 대해 정확한 숙지가 끝났던 터라 그동안 배운 모든 것들을 정확하고 상세하게 교육했다. 효과는 아주 좋았다. 그 여학생은 일주일도 되지 않아 모든 업무에 적응하기 시작했고, 나에 대한 호감과 더불어 긍정적인 결과로 이어졌다. 이 여학생 이외에도 많은 아르바이트생들이 나의 정확한 업무 지시로 인해 효율적인 퍼포먼스를 발휘했다.

실제로 업주에게 나의 리더십은 인정받았다. 심지어 퇴직 후에도 아르바이트생들에게 많은 도움을 주기도 하였으며, 지금도 그들과 관계를 유지하고 있다. 이렇듯 소통이 잘 이루어지는 상태에서 업무의 명확한 전달은 매우 빠르고도 효과적인 리더십의 형태다.

# 이성이 감정을
# 지배하고 있습니까?

"자신감은 항상 옳은 데서 오는 것이 아니라 틀릴까 봐 두려워하지 않는 데서 온다."
- 피터 T 매킨타이

'냉철한 머리 그러나 뜨거운 가슴Cool Head, But Warm Heart', 이는 리더가 지향해야 할 덕목이다. 냉철한 머리는 정확하고 합리적인 판단과 사리를 분별할 수 있는 능력을, 따뜻한 가슴은 다른 사람을 이해하고 배려하고 포용하며 아끼고 긍휼히 여기는 마음이기도 하다. 냉철한 머리와 뜨거운 가슴의 균형이 잘 맞을 때 가장 이상적인 리더십을 발휘할 수 있다. 하지만 사람의 성향과 유형이 다양하듯 뜨겁냐, 냉철하냐의 차이는 있다. 사람은 완벽할 수가 없기에 누구나 실수를 하기도 한다. 리더로서 합리적인 업무 질책도 때로는 해야 한다.

리더에게는 명석한 사고를 할 수 있는 냉철한 머리가 필요하다. 무언가를 연구하는 학자나 국가의 운명을 좌우하는 대통령, 조직이나 기업, 회사를 운영하는 CEO나 마찬가지다. 뜨거운 가슴을 가진 인간적인 리더에게도 요구된다. 간혹 어떤 리더들은 부하직원의 실수에 대하여 감정적으로 대하기도 한다. 너무 뜨거운 가슴이 그릇된 방향으로 앞서가 격렬하게 불타는 것처럼 말이다. 그래서 냉철한 머리로 합리적 사고를 하고 감정을 다스릴 줄 알아야 한다.

어떤 이는 업무 질책을 업무만으로 끝내는 것이 아니라 상대의 인격에 상처를 주는 인신공격을 하기도 한다. 조직이나 회사는 싸움터가 아니며, '감정의 쓰레기통 처리반'이라는 부서는 없다. 뜨거운 가슴이 따뜻함이 아니라 남에게 화상을 입히는 불이 된다면 이 불씨를 끌 수 있는 소화기는 냉철한 가슴이다. 그러므로 자신이 과연 부하직원에게 분풀이를 하는 것인지, 업무상의 질책과 잘못을 수정하기 위한 노력을 하는 것인지 늘 돌아봐야 한다.

《삼국지》의 대표적인 도원결의 속 주인공 중 막내인 장비는 우리에게 큰 교훈을 남겼다. 위魏나라 왕 조조의 백만 대군 앞에서도 결코 기죽지 않으며, 장판교에서도 홀로 맞섰던 그이기에 민중들의 인기가 대단했다. 그러나 그는 용맹한 역발산기개세力拔山氣蓋世의 초패왕楚覇王 항우項羽처럼 전사戰士로서 명예롭게 전쟁터에서 전사戰死한 것이 아니라 정말로 어처구니없는 죽음을 자초하여 최후를 맞이했다.

장비는 오나라와의 전투에서 둘째 의형義兄인 관우의 죽음이라는 비극적 소식을 듣고 몇 날 며칠을 통곡 속에서 술만 연거푸 퍼마셨다. 하지만 되레 전쟁터에서 용맹을 드러낸 그의 '뜨거운 가슴'은 불타올라 그릇된 방향으로 숲을 태워버렸다. '냉철한 머리'가 도저히 개입할 수 없었던 것이다. 술에 취하면 취할수록 그는 더욱더 뜨겁고 매서운 속도로 타

오르는 불꽃처럼 광폭하였고, 눈에 거슬리는 부하가 있으면 잡아다가 매질을 해댔다. 유비까지 나서서 그를 중재하였지만 아무런 소용이 없었다.

장비는 자신의 화를 제어하지 못하고 관우의 원수를 갚기 위해 사흘 내에 수천 개의 흰 깃발과 흰 갑옷을 마련하라는 명령을 했다. 부하들은 말도 안 되는 지시에 먼저 애로사항을 느꼈고, 명령의 데드라인을 조금 미뤄달라고 했지만 장비의 뜨거운 가슴에 잠식된 냉철한 두뇌는 끼어들 틈조차 없어져버렸다. 이성을 잃은 장비는 되레 형님의 복수를 해야 하는데 명령을 거역한다며 연거푸 매질을 해댔고, "내 명령을 듣지 않으면 목을 베어버리겠다."고 협박까지 했다.

매질을 당한 부하들은 분노가 차올랐고 술에 취해 잠든 장비의 목을 베고 적국敵國으로 도주해버렸다는 일화가 있다. 장비는 자신의 감정을 제어하지 못해 비참한 최후를 맞이한 것이다.

이러한 일화처럼 리더였던 장비는 조직이나 회사의 업무 지시에서도 실패했고, 부하들의 업무 지시에 대한 애로사항의 경청도 실패했다. 감정적으로 만사를 대처하였고 감정을 다스리지 못했다. 합리적인 판단과 사리 분별을 하지 못하여, 오히려 그 화를 자신이 입었다.

자신의 의형인 관우가 죽은 것은 너무나도 가슴이 아픈 일이다. 그러나 천하를 도모하고 백성들을 구제하기 위해 도원결의를 맺어 천하를 통일하여 낙원을 만들고자 하였던 그들이었다. 부하들의 애로사항을 좀 더 경청하고 '냉철한 두뇌'가 조금 더 개입했다면 장비는 비참한 최후도

면하고, 부하들의 존경도 받고, 인간적인 성숙과 천하를 통일할 국력도 키울 수 있었을 텐데 안타깝기만 하다.

　장비의 잘못된 선택은 촉한蜀漢의 최후를 더 앞당겼다. 장비는 관우의 저승길 친구가 되는 것으로서 유비의 이성을 잃게 만들어 촉한의 통일이 실패하는 결정적인 원인 중 하나가 되었다. 만약 장비가 조금만 이성적으로 판단했다면 중국의 역사는 과연 어떻게 바뀌었을까? '나비효과'라는 말이 절로 떠오르는 교훈이 아닐 수 없다.

　스포츠 경기에서도 마찬가지다. 국적이나 인종 혹은 다양한 이유들로 얽혀서 감정적으로 대응하여 경기를 순식간에 엉망으로 만들 수도 있다. 2006년 독일 월드컵 16강 토너먼트에서도 이런 일화가 있었다. 일명 월드컵 역사상 최악의 난투극이라 불리는 '뉘른베르크의 전투'가 있었는데, 토탈 풋볼Total Football로 이름을 날렸던 네덜란드와 이베리아반도의 강호인 포르투갈의 16강전 경기였다.

　그간 네덜란드는 유독 포르투갈에게 약한 면모를 보였다. 2002년 한일 월드컵 예선에서도 네덜란드는 포르투갈에 밀려 본선에 진출하지 못하고 안타깝게 탈락했다. 예전 실수에 대한 좌절감과 복수심이 컸던 것인지 네덜란드는 이성을 잃고 거세게 포르투갈을 밀어붙였다. 이는 마치 격투기 경기를 방불케 했고, 그런 결과 이 경기에서는 총 16장의 옐로카드와 총 4장의 레드카드가 나와 월드컵 역사상 최다 경고 타이와 퇴장 부문에서는 역대 최다 기록을 남겼다. 과거의 복수심에 잠식된 네덜란드는 포르투갈에게 1 대 0으로 아쉽게 졌다.

선수들끼리도 암묵적으로 이전 대회의 복수를 설욕하기 위해 포르투갈을 밀어붙이려는 시도가 있었고, 네덜란드 감독의 이전 대회 설욕에 대한 과도한 복수심과 잘못된 전술로 선수들도 《삼국지》의 장비와 같이 격앙되었던 것이다. 그런데 네덜란드 팀의 마르코 판 바스턴 감독은 오히려 "주심이 경기를 망쳤다."며 주심의 경기 운영을 비판했다.

어쨌거나 네덜란드 국가대표팀은 예전의 실패로 인한 좌절감과 분노에 의해 팀 단합에 실패했다. 마치 회사나 조직의 분위기가 엉망이 되어 공동의 목표에 실패한 것처럼 말이다. 누가 봐도 거친 태클이 난무했고 동업자 정신이 느껴지지 않는, 선수 생명에 위협적인 살인적 태클도 너무 심한 경기였다. 포르두갈 역시 많은 주선선수가 뇌상을 낭해 8상전에 결장하여 잉글랜드와의 대결에서 간신히 승부차기로 4강에 올라갔지만 주전선수의 부재로 인해 지단이 이끄는 프랑스에 패배했다.

《삼국지》의 장비나 2006년의 네덜란드 축구 국가대표팀은 복수심이라는 잘못된 '뜨거운 가슴'으로 인하여 성공을 달성하지 못했다. 만약 과거의 실수, 감정만이 담긴 질책, 복수심을 줄이고 '냉철한 두뇌'로 냉철한 경기를 했다면 8강 진출자의 주인공은 네덜란드 국가대표팀이 되었을지도 모른다. 이처럼 이성이 감정을 지배해야 올바른 판단이 나온다는 것을 늘 명심하기 바란다.

# 리더라면 알아야 할
# 올바르게 화내는 법

"사람들에게 뛰어난 성과를 내도록 영감을 주는 가장 좋은 방법은
당신이 하는 모든 일과 매일의 태도를 통해 진심으로 그들을 지원하고 있다는 것을
확신시키는 것이다."
- 해롤드 S.제닌

"사람은 누구나 화를 낼 수 있다. 그러나 올바른 사람에게 알맞게 올바른 목적으로 올바른 방법으로 화를 내는 것은 누구나 해낼 수 있는 것이 아니다. 그것은 결코 쉽지 않기 때문이다."라고 아리스토텔레스는 말했다.

이렇듯 화를 잘 다스리고 내는 일은 누구나 어렵다. 화는 독과 같아서 참는다고 능사가 아니며 지혜롭게 다스릴 수 있어야 한다.

분노는 억누르면 축적되어 화를 부른다. 나 역시도 10~20대 초중반 시절에는 분노를 억누르며 살다가 우울감이 심했던 적이 있었다. 하버드의 의과대학 조교수이며 매사추세츠 벨몬트에 소재한 맥린병원의 연구심리학자인 데이비드 로즈마린David. H. Rosmarin은 "때때로 화를 억누르는 것이 가장 쉬운 방법처럼 보이지만 감정을 다스리는 효과적인 방법이 아니다."라고 했다.

화는 격하게 내뿜어서는 안 된다. 그리고 화를 냈다고 하더라도 짧게

그 상황에서만 내고 끝을 내야 한다. 혹자는 이런 이들을 '뒤끝이 없는 사람'이라면서 분노의 감정이 사그러진 다음에는 그를 더 좋게 보는 경향이 있다. 화를 오랜 시간 마음에 담아두는 것은 본인이나 상대방에게 정말 좋지 않다.

만약 부하직원 때문에 피해를 보거나 업무 처리가 마음에 들지 않았을 때에는 화를 내는 것도 필요하지만, 간결하고 굵고 짧게 피드백하는 방식으로 내면 내 감정도 다스리고 상대방에게 반성의 시간도 자율적으로 허락할 수 있다.

나는 한때 무조건 화를 안 내려고 노력했던 적이 있다. 화를 좋지 않게 분출하는 사람들의 모습을 많이 봐서 그랬는지 그런 모습이 너무 싫었다. 그러나 이 방식은 결코 오래 가지 않았다.

그렇다면 도대체 어떻게 화를 내야 현명한 것일까? 무조건 참자니 그것도 한계가 있고, 화를 내면 또 상대방이 불편해할까 봐, 혹은 감정이 상해서 나에게 서운해하거나 업무적으로 의욕이 떨어질까 봐 고민이 될 수도 있다.

화라는 감정은 적당하게 분출하는 것도 필요하다. 하지만 굵고 짧고, 간결하게 내야 한다. 소위 '화를 버럭 낸다.'고 표현하는데, 이는 건강하게 화를 내는 것이 아니다. 지나친 감정의 폭주로 인해 버럭 화를 발산해버리면 교감신경의 항진으로 혈압이 갑자기 오르고 맥박이 빨라진다. 이로 인해 심혈관계에 부담이 증가되면 중풍, 심근경색증 등과 같은 동맥경화 합병증이 올 수 있다. 화는 잘 내야 건강도 지킬 수 있다.

"죄는 미워하되 사람은 미워하지 말라."라는 말처럼 화를 내는 초점은 사람에게 두지 말고 그 사람의 행동 오류에 맞춰야 한다. 많은 이들이 이 부분에서 쉽게 실수한다. 그리고 모든 사람들이 나와 잘 맞을 수는 없다. 간혹가다 다혈질인 사람들은 극단적인 표현이나 인신공격을 더해 화를 내기도 한다. 이것이야말로 화를 표출하는 최악의 형태다. TV에서 군부대의 부조리나 악·폐습 관련 뉴스가 나오면 가장 많이 등장하는 형태의 군부대 내 사고 원인을 제공하는 요소이기도 하다. 군기를 잡는다는 이유로 말이다.

가끔 느끼는 것이지만 우리나라 사람들은 '약간 화가 나거나 감정이 상하는 일들을 참고 넘기는 것을 사람의 도량이 넓고 멋있는 인내력과 절제할 줄 아는 사람'으로 인식하는 경향이 강하다. 그런데 무조건 참는 게 능사가 아니다. 계속 참는 건 정말 어리석은 행위다. 그렇게 참다가 터지면 그것이 더 돌이키지 못할 상태를 만들 수도 있다.

우리나라 사람들은 남들의 시선에 민감한 경향이 있고, 참는 것을 미덕으로 여겨서인지 유독 '화병'을 앓는 민족이다. 이런 성향을 알고 만약 화가 나면 일단 화가 난 이유에 먼저 집중하자. 그것에 감정을 섞거나 상대방에 대한 원망을 배제하고 어떻게 내 기분이 이렇게 변했는지 침착한 마음으로 먼저 돌아보자. 그리고 머릿속에 잘 정리하자. 마치 종이에 글을 쓰듯 말이다.

화는 내지르면 안 된다. 상대에게 용기 있고 침착하게 잘 말해야 한다. 다만 중요한 것은 상대를 향한 부정적 감정을 담은 폭언과 욕설은 금지해야 한다. 나의 기분전환도 매우 중요하지만 상대, 부하직원들도 하나의 인격체이자 누군가의 가족이라는 사실을 기억해야 한다. 오죽하면 은행에 가도 '지금 당신과 상담하는 사람이 누군가의 가족이고 자녀일 수 있다.'며 상담 창구에 앉아 일하는 직원들에게 폭언과 욕설, 인격모독을 금지하겠는가.

실수로 감정이나 거친 언행이 있었다면 그것만큼은 감정이 가라앉은 후에 반드시 사과해야 한다. 비가 온 뒤에 땅이 굳는 것이 아니겠는가. 상대의 실수에 화가 났다면 반드시 상대의 실수에만 초점을 맞춰 화를 내야 한다.

화를 내는 대상은 '상대' 그 자체가 아니다. 목소리의 크기나 음량, 볼륨을 높여야 화가 풀린다는 생각도 버려야 한다. "목소리 큰 사람이 이긴다."라는 건 어불성설이다.

일단 한번 화를 내고 확실하게 풀었다면 마치 컴퓨터를 재부팅 하듯 아무렇지 않게 다시 평소대로 살아가야 한다. 학창 시절, 주점에서 일했던 적이 있는데 그 당시 평소에 점주와 타 아르바이트 학생들의 업무 불성실과 업무 분담의 불공정성, 각종 직원, 아르바이트 학생들의 업무 애로사항 묵인, 기타 등의 이유로 일하는 오랫동안 화를 참았다. 그러다 업무적인 문제로 업주와 논쟁이 있었는데, 그동안 화를 참아왔던 터라 업주와 큰 다툼을 했다.

평소에 화가 난 것을 계속 참아오다가 터트린 것은 나의 잘못이었지만 다툼이 있고 난 후 오히려 아무렇지 않게 평소처럼 일했고, 뒤끝 없이 업주와 아르바이트하는 다른 이들을 대했다. 화를 내서 업주의 기분을 상하게 했고 다투는 동안에 다소 거친 언행이 있었지만, 그것을 한 단계 뛰어넘어서 뒤끝 없이 하루 만에 다시 본래 자리로 돌아왔다. 화를 냈지만 굵고 짧고 간결하게 끝냈다.

바로 이런 화를 내는 지혜가 필요하다. 설령 화가 난 순간에는 정말 물불 가리지 않았다고 해도 이후에는 뒤끝 없이 원래 자리로 돌아갈 필요가 있다. 마치 남자들이 정말 서로를 미워하여 치고받고 싸우고 난 뒤에 쿨하게 악수하고 친구가 되는 그 모습을 상상해보라.

연애에서도 마찬가지다. 아니, 인간관계의 모든 순간에도 해당된다. 갈등이 전혀 없는 인간관계는 없다. "싸우면서 정든다."라는 말도 있지 않은가. 화라는 감정은 유독 순간적으로 서로의 마음을 상하게 한다. 그러니 아주 조심하고 세심하게 다뤄줘야 한다. 평소 다혈질 기질이 있다면 특히 반성하고 자신을 돌아보자.

'부드러운 카리스마'라는 것이 리더십에서 부각되고 있다. 요즘과 같이 개성 강한 젊은 세대를 이끌기 위해서는 더욱 요구되는 덕목이다. 그러니 앞서 말했던 아리스토텔레스의 명언처럼 '올바른 사람에게 알맞게 올바른 목적으로 올바른 방법으로 화를 내려 애써라.' 그것이야말로 부드러운 카리스마를 갖게 하는 핵심 요소가 될 것이다.

# 부하직원의 저녁이 있는 삶, 지켜주고 있나요?

**"나는 바람의 방향을 바꿀 수 없지만 항상 목적지에 도달하도록 돛을 조정할 수 있다."**
- 지미 딘

10년 전쯤 서울대학교 학생이 '저녁이 있는 삶'을 원해 9급 공무원이 된다는 글을 서울대학교 홈페이지에 올려 화제가 된 적이 있다. 당시만 해도 주 5일제 근무가 막 정착되려던 때이니 삶의 질을 중요시하는 젊은 세대에게 그 글은 큰 호응을 받았다고 한다. 그로부터 10년이 지난 지금, 팬데믹 시기를 거쳐 재택근무 등으로 오히려 근무의 형태는 유연해진 것 같지만, 그 속을 들여다보면 오히려 고쳐야 할 부분이 아직 많이 남아 있다.

혹시 '퇴근'이라는 말의 정확한 의미를 알고 있는가. 퇴근이란 일터에서 근무를 마치고 돌아가거나 돌아온다는 의미다. 말 그대로 일하는 장소에서 벗어났다는 것이다. 그러나 안타깝게도 퇴근이라는 단어의 뜻을 잘못 알고 있는 이들이 많다. 바로 일터에서 벗어난 사람에게 일, 업무에 관련된 지시를 하는 이들이다.

사람은 기계가 아니며, 심지어 기계라 하더라도 가동을 멈출 여유를 주어야 한다. 엔진도 과도한 회전과 작동을 위해 RPM 게이지를 높이면 과열되어 고장이 난다. 실제로 프랑스에서는 '로그 오프 법'을 시행 중이다. 이는 '퇴근 후 업무 연락 금지법엘 콤리 법, El Khomri Law'이라고도 하는데, 세계 최초로 2016년부터 시행하여 직원들이 퇴근 후에는 회사와 연결되지 않을 권리를 보장한다.

프랑스뿐만 아니라 몇몇 국가에서는 '업무 시간 이후 연락 금지'를 법제화하기도 했다. 캐나다 온타리오 주 의회도 2021년 말 이른바 '연결되지 않을 권리Right To Disconnect'를 법제화했고, 포르투갈도 2021년 집권 사회당 주도로 예외적인 상황을 제외하면 근무 시간 외 직원 간 연락을 금지하는 법안이 통과되었다. 벨기에도 6만 5천 명에 이르는 연방 공무원을 대상으로 근무 시간 외 상사의 전화나 이메일에 답할 필요가 없도록 하는 법이 시행 중이다. 그 밖에 이탈리아, 벨기에, 스페인, 아일랜드도 비슷한 법을 마련해 시행 중이다.

지금 우리나라도 '직장과 사생활의 엄격한 구분', '연결되지 않을 권리', '카톡 금지법 제정' 등으로 다양한 해결책들이 논의 중이다. 조직이나 회사, 알파, 리더, CEO 혹은 관리자들은 부하직원들이 각자 자신의 모든 에너지를 바친 만큼 사생활을 존중해준다면 이는 성장 동력으로 작용하여 조직과 회사를 넘어 국가적으로도 도움이 되고 좀 더 행복지수가 높아지는 데 도움이 될 것이다.

그런데도 여전히 우리나라는 대책도 없고 관행대로 하려는 문화가 여전히 자리 잡고 있다. 오래전 대기업에 종사하던 필자의 친구가 있었다. 이 친구는 워라벨을 중요시 여기고 퇴근 시간에는 공정하게 직급에 상관없이 퇴근을 하는 것에 대해 존중해야 한다는 마인드를 가지고 있었다. 나와 비슷한 기업문화에 대한 관점을 가지고 있어 늘 변화를 외쳤던 친구였다.

어느 날 이 친구는 나에게 이러한 애로사항을 털어놓았다.

"추석 연휴면 뭐 해. 상사가 계속 일을 주는데."

상사가 휴일이나 퇴근 후에도 업무 관련 지시로 갑질을 한다면서 푸념을 했다. 심지어 답장이나 전화를 빨리빨리 받지 않았다는 이유로 사내에서 폭언을 듣기도 했다고 한다.

어느 통계에 따르면 직장인 100명 중 60명이 업무 시간 이외의 연락에 시달려 스트레스를 받는다고 한다. 더욱 황당한 것은 직원들의 연령이 어릴수록 퇴근 후 업무를 하는 비율이 높은 것으로 드러났다. 갑질 문화의 단면을 보여준다. 코로나19의 여파로 비대면 업무가 자연스럽게 일반화되어가다 보니 최근에는 이러한 현상이 더 증가하기도 하여 금지하는 법안까지 발의되기도 했다.

만약 퇴근 후 업무 지시를 해서 그것이 급여나 급여의 할증으로 인정된다면 다행이겠지만, 안타깝게도 암묵적으로 근무 시간 외의 업무 점검은 아무런 대가를 받지 못한다. 그런데도 이를 마치 당연하게 여기는 것이 문제다. '카카오톡'이 정착되고 줌 회의 등이 일반화되면서 퇴근 및 근무 시간 외의 업무 지시는 자연스러운 일상이 되어버렸다. 연락이 편리해진 만큼 그 혜택이 그릇된 방향으로 사용되어버렸다.

자신의 시간과 여가가 소중하다면 그만큼 부하직원의 자유도 존중해야 한다. 상사로 인한 스트레스가 그 부하직원에게 축적된다면 그의 업무 능률은 당연히 떨어질 수밖에 없다. 만약 지시하기 이전에 당신이 할 수 있는 업무라면 굳이 시켜서 덧나게 할 일이 있는가. 직급과 권한을 오남용하는 것은 아닌지 돌아보라. 업무적으로 효율을 높이고, 각종 비용 절감이 되며, 조직과 회사의 이익 증대를 위해 제대로 쓰고 있는지를 말이다.

어느 직장인은 야간 당직 근무를 서고 귀가한 동시에 너무 피곤한 나머지 바로 곯아떨어졌는데 몇 시간 뒤, 업무 지시에 관하여 곧바로 답장하지 않아 문책을 당했다고 한다. 이런 조직이나 회사에서 이 직장인이 충성심을 가질 수 있을까? 야간 당직을 서고 고생한 직원에게 수고 많았다는 말은커녕 업무 지시를 하는 행동이 상식적인 걸까?

요즘 관리자들 중에는 "젊은 것, 요즘 것들은 이래서 안 된다."라며 더욱더 꼰대스러운 마인드를 갖는 몰상식한 이들도 있다. 불만이 돌고 돌아 악순환이 되면 서로를 믿지 못하여 업무적 시너지는 생길 수가 없다. 일과 삶의 구분이 명확한 요즘 젊은이들에게는 통하지 않을 상황이다.

어느 회계법인의 임원은 밤에 불가피하게 업무 지시를 이메일로 보낼 경우에도 다음 날 오전에 발송하기 위해 예약을 걸어두기도 한다고 한다. 퇴근 후 업무 지시는 정말 위급한 사항이 아니라면 하지 않는다. 이러한 세심한 배려는 요즘 젊은 세대를 이끌어야 하는 리더에게 필요한 능력이다. 사소한 것 같지만 조금씩이라도 긍정적으로 문화가 바뀌어야 개인의 행복도도 높아진다. 그러므로 더욱더 기본부터 돌아보아야 한다. 이것이 그저 해왔던 관행 때문인지, 아니면 나의 개인적인 욕심인지 등 사소한 것부터 돌아보고 바꿔나갈 줄 알아야 한다. 그 무엇보다 직원들을 존중한다면 퇴근 후의 시간, 저녁이 있는 삶을 지켜주기 바란다.

# 앞장서는 리더야말로
# 진정한 리더다

♟

*"혼자서는 거의 할 수 없지만, 함께하면 많은 것을 할 수 있다."*
- 헬렌 켈러

사무실 청소는 직급 낮은 사원들이 하는 게 당연하다고 여겨지는가? 그래서인지 청소와 같은 허드렛일을 대표이사나 상급 관리자들이 직접 나서서 하는 일은 드물다. 하지만 내가 아는 어느 개발 관련 업체 대표님은 2주에 한 번 주말 이른 아침에 직접 나서서 청소를 하신다.

그는 '정갈하고 깨끗한 사무실에 깔끔한 고객이 온다.'라는 마인드를 가지고 있는데, 청소 업무를 거의 대표가 하기 때문에 직원들은 더더욱 업무에 몰두하기가 쉽다고 한다. 심지어 이 대표님은 청소하면서 스트레스를 푼다고 한다. 청소를 하면서 머리를 비우는데, 나쁜 것들을 비워낸다는 느낌이 좋다고 하신다. 게다가 청소를 하면서 이런저런 생각을 하며 새로운 아이디어를 만들어내어 직원들과의 회의 시간 때 적극 활용하기도 한다. 마치 이 대표님에게 솔선수범하는 청소란 새로운 자아 성찰과 수행의 시간이 되어준다.

필자 역시도 깨끗한 회사, 사무실은 업무적 환경에 필수라고 여긴다. 누구나 깨끗하고 쾌적한 사무실을 원한다. 아주 오래전 필자가 아르바이트로 근무했던 한 음식점에서도 직원들보다 더 일찍 나와 청소를 하던 사장님이 계셨는데, 그분도 항상 손님을 받으면서 다음과 같이 말하곤 하셨다.

"가게가 깨끗하면 깨끗한 손님이 온다."

그런데 재미있는 사실은 이 가게에서 근무하던 시절, 매너가 없거나 진상을 피우던 손님은 단 한 명도 보지 못했고, 개발 관련 업체 대표님의 고객들도 거의 대부분 십 년이 넘는 시간 동안 거래해온 단골 고객이거나 새로 계약한 고객들도 점잖은 분들이었다. 끌어당김의 법칙이 통한 것일까?

무속이나 민속 신앙에서도 영가靈駕들은 대부분 사람의 흔적이 없거나 지저분하고 어둡고 음습한 곳에 머무른다고 한다. 그래서 실제로 무속인들이 어떤 폐가나 흉가에 가서 나쁘고 역한 냄새가 나면 그곳에는 영가가 있다고 하고, 그것이 바로 영가의 냄새라고 말하기도 한다.

새해를 맞이할 때에도 집 안 청소를 통해 좋은 기운과 복이 들어오게 한다. 이는 나쁜 기운이나 음습한 모든 것들을 쫓아내는 행위이기도 하다. 청소는 거시적으로 보면 조직이나 회사의 존속에 이바지하는 일인데, 그것을 리더가 직원들보다 먼저 실행한다면 직원들은 그 리더의 마음을 느낄 것이다. 역시나 좋은 기운이 많이 들어온다면 그 좋은 기운이 좋은 고객을 데려오지 않을까.

조선시대에도 왕이 직접 솔선수범하여 농사를 짓던 풍습이 있었다고 한다. 서울특별시 동대문구에는 전농동典農洞이 있는데, 이는 조선시대 초기부터 왕이 직접 농사를 지어 보였던 논인 적전籍田이 있는 곳에서 비롯되었다. 적전이라는 것은 고려시대 및 조선시대부터 권농책으로서 왕이 친히 먼저 농사 시범을 보이기 위해 의례용으로 설정했던 토지라고 한다. 이렇듯 과거나 현재나 변함없이 문명만 발달했을 뿐이지 높은 지위에 있는 사람, 나라님이나 리더는 아랫사람들에게 솔선수범하여 무언가 모범을 먼저 보여야 하고, 이는 지금도 마찬가지다.

박정희, 전두환의 군부정권 시절에도 솔선수범의 대명사라 불리던 장성이 있었다. 불법 군 내부의 사조직이었던 하나회와 불의에 맞서다가 부하들의 배신으로 억울하게 신군부에 의하여 강제 전역한 고 장태완 장군이 바로 그 주인공이다. 실제로 그를 지휘관으로 두고 모시며 군 생활을 했던 어느 예비역의 이야기인데, 장태완 장군이 지휘관으로 부임했던 시절에는 매일 기상과 동시에 전방의 혹한 속에서도 상의를 탈의한 채로 2킬로미터 구보를 하는 것도 모자라 냉수로 마찰을 해야 했다고 한다.

군대를 다녀온 사람이라면 잘 알겠지만, 병영 내에서 동절기에 기상 시간은 아직도 깜깜한 밤처럼 어둡기에 요령을 피우던 당시 기간병들은 수건을 얼음처럼 차가운 물에 적시지 않은 채로 냉수마찰을 하다가 상급자들에게 적발될 경우 그에 따른 엄벌에 처해졌다고 한다. 이러한 방침에 불평불만을 해야 정상인 상황인데 불평불만을 할 수 없었던 이유가 있었다고 한다. 왜냐하면 그 당시 사단장이었던 장태완 장군도 기간병들과 똑같이 웃통을 벗은 채 알통 구보로 부관과 함께 구보를 했기 때문이었다.

군대에서도 기간병, 사병들이 가장 무서워하는 장교는 단지 '고함을 지르는 장교'가 아니라 사병과 연병장을 같이 뛰는 장교라 하지 않던가. 실제로 미국의 해병대 네이비 씰이 '귀신 잡는 미국 해병대'로 유명한 것도 바로 이런 솔선수범 리더십 때문이다. 그들은 지옥 훈련을 함께 헤쳐 나가며 공통된 유대감이 자연스럽게 형성된다. 장교와 사병이 같은 훈련에도 참여한다. 지옥 훈련을 함께 헤쳐나가며 공통된 유대감이 자연스럽게 생긴다.

이를 통해 장교는 부하에게 어떤 어려움이 있는지 쉽게 이해할 수 있다. 그렇게 조직은 상호 이해와 상호 지원, 상호 보완 관계로 발전한다. 장교는 자신의 이익을 위해 사병을 이용하지 않으며, 사병은 장교를 경계하거나 욕되게 하지 않는다. 장교는 존경심을 가지고 사병을 대하며 사병에게 최상의 것을 요구한다. 아마도 군대 내에서 이렇게 기간병들과 똑같이 공평하게 자신들의 방침을 행하는 지휘관들은 보기 힘들 것이다. 이런 일화 외에도 장태완 장군이 부임한 뒤 당시 형편없던 군대 내 기간병들의 식사 수준을 급격하게 상승시키고, 보급품을 규정대로 지급할 수 있도록 조치를 취했다고 한다.

캔자스 주립대 교수진들이 플랭크Plank라고 하는 복부 근력 운동과 관련된 실험을 한 적이 있었다. 참가자들이 플랭크를 하다가 나중에 전문가와 함께 하는 실험이었는데 한 그룹은 전문가가 "잘했습니다.", "할 수 있습니다.", "자, 조금만 더 합시다." 등 그저 말로만 격려했다면, 다른 한 그룹은 직접 전문가가 아무 말도 없이 옆에서 참가자들과 플랭크를 했다. 결론적으로 전자는 22퍼센트 정도가 향상되었고, 후자는 33퍼센트 정도가 향상되었다고 한다.

이처럼 말로만 지시하고 격려하는 것보다 솔선수범으로 모범을 보이는 것이 바로 더 큰 리더십으로 작용한다. 더글러스 코넌트Douglas Conant 캠벨수프Campbell Soup Company 최고 경영자는 "예를 보여줌으로써 이끄는 것이 중요하다."고 강조했다. 바로 "모범을 보이는 것은 다른 사람에게 영향력을 미치는 가장 좋은 방법이 아니다. 유일한 방법이다."라고 이야기할 정도로 솔선수범의 중요성을 강조했다.

만약 부하직원들에게 모든 책임을 미루고 자신은 아무것도 하지 않는다면 겉으로는 따르는 척할 수 있겠지만, '너부터 잘하세요.'라는 무서운 멸시의 마음을 가질 수도 있다.

CEO 리더십 연구소장인 김성회 씨는 《소통 리더십》에서 "리더는 큰 것을 약속하기에 앞서 작은 것부터 행동으로 증명해 보여야 한다. '하라'로 조직은 변화되기 힘들다. '하자' 하면 조금 움직일까 말까이고, 리더가 '내가 할게'라고 해야 비로소 변화의 불씨가 옮겨 붙기 시작한다. 지시형 동사 어미인 '하라'보다 힘이 센 게 청유형 동사 어미 '하자'이고, 이보다 더 힘이 센 게 '할게'이다."라고 말했다.

말만 거창하게 한다고 해서 리더십은 발현되지 않는다. 리더라면 직접 움직여라. 모범을 보여라. 직접 하는 것이 최고의 가르침이다.

# 직원들과의 거리를 좁히는 윤활유, 유머

**"유머 감각은 리더십의 기술, 대인관계의 기술, 일 처리 기술의 일부분이다."**
- 드와이트 데이비드 아이젠하워

세상에는 두 부류의 리더가 있다고 한다. 바로 '유머를 구사할 수 있는 리더인가, 그렇지 못한 리더인가'로 말이다. 유머와 경영 능력은 아무런 상관이 없을 것 같은가? 정말 그럴까?

가치 있는 유머를 구사할 수 있는 리더는 전쟁터 같은 상황 속에서 유머를 구사하여 분위기를 반전시킬 수 있다. 다시 말해 딱딱하고 경직될 수 있는 조직, 회사생활에 활력소가 되어준다. 이는 부하직원들의 스트레스와 긴장감 해소에 도움을 주고 이는 생산성 향상으로 이어지게 된다.

여기서 말하는 유머는 단순한 우스갯소리가 아니다. 진정한 유머란 여유와 자신감, 부하직원에 대한 포부, 애정 등이 있을 때 비로소 나올 수 있다. 아무리 능력이 좋다고 해도 인간미가 떨어지면 이는 리더십에 악영향을 끼친다.

한 법인의 대표는 경영 능력이 굉장히 뛰어나서 모든 사원들의 존경을 받았다. 그는 평소에 행실이 올곧고 의협심이 강했다. 회식을 하다가도 간혹 식당 내에서 구걸을 하거나 껌을 파는 불우이웃을 돕기도 하는 인간성을 지닌, 사업적인 면과 인간적인 면에 있어서 알파 메일이었다. 마치 불가사의한 카리스마로 일을 많이 가져와 회사 내의 영업직 사원들도 아무리 초보라 해도 일이 끊이지 않았다.

그러나 완벽한 그에게도 한 가지 아쉬운 점이 있었다. 일에 있어서는 프로지만 무언가 살짝 기계적인 느낌과 무뚝뚝함으로 인해 직원들도 어려워하는 눈치였다. 그에게 부족했던 건 바로 유머 감각이었다. 심지어 회식 때 술을 마시고 긴장이 풀어져도 무언가 경직된 느낌은 여전했다.

우리나라 사람들은 다소 여유와 유머에 취약한 면이 있다. 가끔 보면 너무 진지함만이 느껴져서 '도대체 이 사람과는 어떻게 가까워질 수 있을까?' 싶어 고민스럽다. 실제로 비행기나 기차의 도착 시간이 지연될 때 관계자에게 고함을 지르며 클레임을 거는 승객은 한국인이 유일하다고 한다.

혹시 상상 속에서 느끼는 정서와 현실에서 느끼는 정서를 확실하게 구별할 줄 모른다는 사실을 아는가? 그러므로 현실에서 불쾌한 일이 생기더라도, 미소를 짓거나 입꼬리를 올려서 기분 좋은 상상을 하면 신체 반응도 금방 다르게 변한다. 바로 유머가 필요한 이유이기도 하다.

이처럼 유머는 조직이나 회사 내부의 분위기를 전환시킬 뿐만 아니라 비즈니스, 영업, 각종 인간관계에서도 탁월한 조력자의 역할을 한다. 특히 연애하기 위해 남성이 여성에게 구애하는 순간, 가장 필요한 것이 유머 감각이다. 바로 여성과의 스파크를 일어나게 하는 윤활유 같은 역할을 하기 때문이다.

남성과 여성의 첫 대면에서도 여성의 경계심픽업아티스트 용어로 Shield, 쉴드을 파괴하는 데 가장 좋은 것은 바로 유머다. 일상적인 대화가 전혀 진행되지 않았는데 유머만 남발한다면 부작용이 생길 수는 있다. 말만 잘하는 것을 넘어서 유머를 잘 구사할 줄 안다면 정말 매력 넘치는 알파 메일이 될 수 있다.

유머를 잘 구사하려면 눈치가 빨라야 한다. 유머 역시 사회적인 지능이 높아야 적절하게 잘 구사할 수 있다. 순간적으로 상대방의 마음을 잘 읽어내야 어색하지 않게 유머가 먹히기 때문이다. 마치 프리킥을 차는 축구선수가 어떻게 공을 골대에 넣을 것인지 잘 파악하고 최적화된 힘과 각도 등을 재고 최적의 궤도를 구사하는 것처럼 말이다.

사실 유머 감각은 다양한 시도를 통해서 발달시킬 수 있다. 그리고 늘 유머 코드가 통하는 것은 아니지만 이 또한 계속 시도해봐야 감각도 늘어난다. 나의 한마디로 갑자기 분위기가 썰렁해지거나, 웃자고 가볍게 한 말에 상대방이 얼굴을 찡그려도, 혹은 내가 비장의 카드로서 내민 유머가 통하지 않더라도 실망하거나 좌절할 필요는 없다. 그런 상황을 계속 겪다 보면 유머 능력은 자연스럽게 높아진다.

유머는 영업에서도 마치 요리의 양념처럼 쓸 수 있다. 재치와 사회적 지능, 유머를 자유자재로 구사할 정도의 화술을 가진 사람이라면 이미 경제적인 면에 있어서도 알파 메일일 확률이 매우 높다.

조직이나 기업을 이끌어나가는 사람이 유머러스하다면 그 매력은 배가 된다. 필자의 부친은 "남자는 발이 넓어야 한다."는 말과 더불어 "상대방에게 넉살 좋은 태도로 유머를 잘 구사할 줄 알아야 한다."고 늘 강조하셨다. 실제로 필자가 아는 한 자동차 세일즈맨은 인간적 리더십으로 인맥이 굉장히 넓다. 자동차 영업이 어려운 상황에서도 고객이 끊이지 않는 것은 그가 인간적인 매력을 토대로 한 유머로 다져진 폭넓은 인간관계를 가졌기 때문이다.

이처럼 조직과 회사 혹은 영업 능력을 오랫동안 이어가는 것 자체가 부하직원들의 일터, 생계를 지켜내는 것과 연계될 수 있다. 리더에게는 그런 책임이 주어진다. 마치 왕이 국가를 잘 수호하고 민생을 안정시켜서 태평성대를 누리는 것과 같은 이치다.

만약 당신이 "이 바보 같은 자식아!"라는 말을 들었거나 누군가에게 화가 머리끝까지 날 정도로 나쁜 이야기를 들었다고 해도, 바로 맞대응하지 않고 미소를 짓거나 숨을 고르고 대응할 수 있는 마음의 여유를 먼저 가져야 한다. 유머는 다소 여유 있는 마음에서 잘 받아들여지고 그러한 마음에서 나올 수 있기 때문이다.

"유머는 위대하고 은혜로운 것이다. 유머가 있으면 이내 우리의 모든 짜증과 분노가 사라지고 대신 명랑한 기운이 생겨난다."라는 마크 트웨인의 말처럼, 당신은 조직에 명랑함을 주는 리더인가?

# 사업은 팀 스포츠처럼
# 이끌어가라

"리더의 임무는 다른 사람들을 위해 일하는 것이 아니라
다른 사람들이 스스로 일을 수행하는 방법을 알아내고, 일을 완수하고,
그들이 생각한 것 이상으로 성공하도록 돕는 것이다."
- 사이먼 사이넥

사업과 장사의 차이를 무엇이라고 생각하는가? 흔히 "사업을 한다."고 이야기하면 그것이 진짜 사업을 하는 것인지, 장사를 하는 것인지 구분하기가 쉽지 않다. '사장의 업무 능력이 직원들보다 뛰어나면 그것은 장사이고, 직원들이 사장보다 뛰어나면 그것은 사업이다.' 나는 그렇게 구분한다.

픽업아티스트에서도 '구루Guru'라고 하여 여성에 대해 더 잘 알고 유혹을 잘하는 이, 혹은 나에게 매력을 키울 수 있는 영감을 주는 이들을 스승이라고 칭한다. 나이와 사회적 위치에 관계없이 배우는 자세로 임하고 알파, 알파 메일들도 자신의 발전을 위해 많은 멘토와 롤모델로 삼은 사람을 통해 모방하며 배워나간다.

스포츠에서도 마찬가지다. 2022년 카타르 월드컵 아르헨티나 우승의 주역이었던 훌리안 알바레스 선수도 오래전 리오넬 메시를 롤모델로 삼

아 열심히 노력하여 월드컵 우승의 주역이 되었다. 축구는 절대로 단 한 명의 선수만 잘한다고 해서 월드컵에서 우승하거나 승승장구할 수 없다. 사업도 마찬가지다. 한 사람, 한 사람이 유기적으로 능력을 잘 발휘해야 돌아가는 팀 스포츠와 닮았다.

지인 중 한 컨설팅 업체의 대표님은 직원들을 통해 배워서 성장하는 알파이자 리더다. 오토캐드Auto CAD나 포토샵, 일러스트레이터 등의 프로그램이나 문서 작성 프로그램 및 컴퓨터 실무 능력이 더 우수한 직원들에게 한 수 배우는 입장이라고 한다. 그 대표님은 컴퓨터 실무에 관한 것들을 직원들에게 배워서 이메일도 직접 쓰게 되었고, 온라인으로 각종 물건이나 비품을 구매하거나 업무 관련 화상회의를 혼자 할 수 있게 되었다고 한다.

장사를 잘하는 사장님을 떠올려보라. 혼자서 모든 문제를 해결하고 분주히 자신의 순수한 노동력으로 수입을 창출한다. 이렇게 자신이 모든 일을 직접 하는 것은 결국 조금 높은 계급의 노동자에 지나지 않는다.

반대로 사업을 하는 사장님들은 직원들에게 믿음을 통한 권한을 부여한다. 그리고 이를 통해 각자의 직무에 충실하여 업무 능력을 높인다. 심지어 사장보다 능력이 더 나은 직원들이 많다. 위의 사례처럼 직원이 사장보다 더 잘하는 분야가 확실히 있다. 고깃집으로 비유하면 사장보다 직원이 고기를 더 맛깔나게 잘 굽고, 튀김이라면 더 바삭하게 튀기며, 카페라면 아메리카노를 더 감칠맛 있게 우려내는 그런 것들이다.

사장은 직원에게 믿음을 줄 수 있어야 한다. 믿음을 주려면 사장의 그

룻이 커야 한다. 더 큰 그릇이기에 장사를 넘어 사업을 하는 것이다. 직원에게 믿음을 준다는 것은 결코 쉽지 않다. 진정한 사업가, 리더가 되려면 직원을 인정하고 격려하면서 같이 성장해야 한다. 그러면서 조직도 성장한다.

사장은 리더이자 알파로, 지도자로서 이끌어가야 한다. 솔선수범하여 앞장서는 것도 매우 중요한 행위, 요소이지만 그것만이 전부는 아니다. 직원들이 각자 자신의 역할을 잘 수행하고, 사업체의 존속과 발전이라는 목표를 잘 수행할 수 있게 돕는 것이 바로 리더다.

삼성전자, 현대자동차 등 굴지屈指의 대기업 수장인 이재용 회장과 정의선 회장이 실제 자동차를 생산하는 생산자들과 반도체를 연구하는 연구원보다 자동차, 휴대폰, 반도체를 잘 만들 수는 없다. 그들은 그들의 조직과 회사를 이끄는 지도자일 뿐이다. 그들이 모든 생산에 직접적으로 관여하지는 않는다. 각자 역할이 주어진 직원들과 관리자 리더가 모여 하나의 유기체처럼 움직이는 것이다.

이처럼 사업은 팀 스포츠와 같다. 축구에도 공격수, 미드필더, 수비수, 골키퍼, 윙어, 윙백, 윙포워드 등 많은 포지션이 있고, 감독이라고 하여 선수보다 축구를 잘하지 않는 것처럼 각자 포지션에 맞는 역할이 있다.

누군가에게 믿음을 주고 그 사람을 이끌어가는 것이야말로 알파 메일의 가장 주축이 되는 리더십이다. 믿는다는 행위 자체가 또 다른 의미의 베팅betting인 셈이다. 그 베팅을 하는 선구안조차도 알파의 영역이다. 그런 '알파의 영역'으로 우수한 자질이 있어 믿음을 집중시킬 만한 직원들을 미리 선발할 수 있다.

픽업아티스트에서도 '윙Wing, 농구나 축구 등 점수를 매기는 구기종목으로 치환했을 경우 공격수의 득점을 어시스트 해주는 포인트 가드, 미드필더와 비슷한 의미'이라 하여 여성을 유혹하는 순간이 있다. 나의 유혹을 도와주는 파트너와 같이 두 명 혹은 세 명이 한 팀이 되어 하나의 목표를 위해 다수가 하나의 유기체처럼 움직이기도 한다.

픽업아티스트의 윙도 뜻이 맞고 성향이 잘 맞거나 이성을 유혹하는 능력, 수준이 비슷할 때 시너지를 발휘한다. 이처럼 사람은 비슷한 사람들이 끼리끼리 어울리는 법이다. 당신이 리더로서 알파라는 것이 증명되었다면 당신을 따르는 부하직원들도 알파의 성향을 가지고 있을 확률이 높아진다. 그로 인해 당신의 조직이나 회사 역시도 그 업계에서 알파가 될 확률이 높아진다.

이처럼 알파인 리더는 팀워크의 힘을 잘 알아 조직의 성장을 도모한다. 당신은 지금 장사를 하고 있는가? 사업을 하고 있는가? 지난해보다 올해 당신과 조직원 모두가 성장했는가? 한 번쯤 돌아보기 바란다.

# 진정한 리더,
# 직원을 섬길 줄 아는 리더

"리더는 길을 알고, 길을 가고, 길을 보여주는 사람이다."
- 존 맥스웰

한 종합건설의 대표님은 제일 일찍 출근해서 평사원들과 함께 변기를 청소한다. 심지어 중간관리자들이나 임원들에게도 회사 사옥의 계단과 변기를 직원들과 청소하라는 특별 지시를 내려 처음에는 반대 의견이 심했지만 지금은 정착이 되어 회사의 한 문화로 자리 잡았다. 이러한 계기로 이 대표님은 함께 일하는 일반 직원들과 깊게 대화하고 소통하여 그들의 애로사항이 무엇인지 판단하여 그것이 해결될 수 있도록 지원한다. 다소 괴짜인 면도 있지만, 적어도 가장 아래 직급 사원들의 마음을 읽으려 노력한다는 면에서 직원을 위하는 마음만큼은 인정할 만하다.

섬김 리더십의 대표적인 리더는 바로 그리스도 예수다. 그는 세속적 인물이 아니며 종교의 대표적인 성인으로 추앙받는 인물이지만, 자신을 따르던 제자들의 발을 마치 종이 주인의 발을 씻기는 모습처럼 직접 씻어주면서 "내가 너를 씻어주지 않으면 너는 내 친구가 될 수 없다."라고 말했다.

〈성경〉마가복음 9장 35절에는 "누구든지 첫째가 되려면, 모든 이의 꼴찌가 되고, 모든 이의 종이 되어야 한다."라는 구절이 있다. 하지만 이를 실천하는 것이 쉽지는 않다. 사람이라면 누구든지 최고, 위대한 사람, 높은 사람이 되고 싶어 한다. 그런데 이러한 마음은 교만으로 이어지기 쉽다.

위대한 리더라면 직원들을 섬길 줄 알아야 한다. 부하직원들을 동반자로 인식하고 그들에게 최우선적인 가치를 부여하며 그들의 편안한 근무를 위해 격려하고 지원해야 한다. 배려와 존중을 통하여 부하직원들의 성장을 돕는 것이야말로 리더의 역할이지 않은가.

실제 서번트 리더십에 관해서 요즘 많이 연구하여 일부 기업들에서는 적극 반영하고 많은 효과를 보고 있다고 한다. 헤르만 헤세의 소설 중 《동방으로의 여행》은 순례자 집단이 동방으로 함께 여행을 떠나는 이야기다. 이 소설의 주인공인 '레오'는 순례자 집단 속에서 서번트, 즉 하인으로서 순례자들과 함께 여행을 한다. 그는 순례자들이었던 귀족 및 상류층 인물들의 허드렛일을 도맡아 한다. 순례자들이 지칠 때마다 위로하며 이상을 잃어버리지 않도록 격려하고 불평과 하소연을 잘 경청해줬다.

그가 모든 허드렛일을 도맡아 해줬던 덕분에 순례는 매우 순조롭게 진행되었다. 그런데 갑자기 그가 사라지고 말았고, 그로 인해 순례자들은 큰 혼란 속에서 방향을 잃고 헤매게 되었다. 그의 친절에 익숙해져서 그를 존재감이 없는 사람으로 여겼지만, 막상 사라지자 그가 얼마나 중요한 역할을 했는지 알게 된 것이다.

서번트 리더십의 창시자인 로버트 K. 그린리프Robert K. Greenleaf는 기본 아이디어를 이 이야기에서 얻었다고 한다. 타인을 위한 봉사에 초점을 두며, 종업원부터 시작하여 고객 및 커뮤니티를 우선으로 생각하며 그들의 욕구를 만족시키기 위해 헌신하는 리더십을 '서번트 리더십'이라 정의했다.

리더도 인간이기에 한계는 있다. 그렇게 행동하면 권위가 떨어지지 않느냐고 반론할 수 있다. 구시대적인 권위적, 힘에 입각한 리더십이 오히려 통제하기가 쉽고 직원들의 복종을 이끌기 쉽다고 여길 수도 있다.

그린리프는 이에 대해 "리더의 힘이 정당성을 가지려면 리더 스스로 하인이 되어야 한다."고 말한다. 하인이라니, 다소 극단적인 표현이긴 하다. 하지만 그만큼 리더는 거만해지기 쉬운 자리에 있기 때문에 역설적으로 표현한 게 아닐까 싶다.

실제 미국의 유명 기업인 3M, 인텔, HP 등을 비롯한 많은 기업의 교육 훈련 프로그램 중에는 서번트 리더십 워크숍이 포함되어 있으며 세계 100대 기업 중 3분의 1이 이런 비슷한 제도를 도입시켜 회사를 운영해나 간다고 한다.

한 개그 프로그램에 MZ세대와 직장 문화를 풍자하는 코너가 있었다. 당시 팀장 역할을 한 배우 박해수 씨와 직원들이 감자탕집에서 회식을 하거나 삼겹살집에서 신입과 회식하는 장면이 나왔다. 그런데 감자탕을 먹다가 남은 뼈를 담는 통이 가득 차면 나서서 버리거나, 반찬이 부족하면 챙기고, 삼겹살을 구울 때 먼저 나서는 그런 잡다한 일들을 신입사원들이 하지 않았다. 다른 직원들은 겉으로는 아무런 이야기를 하지 않지만 속으로는 '아랫사람들이 왜 움직이지 않지?'라고 화를 내는 장면이 나온다. 그런 상황에서 배우 박해수 씨는 상사 역할이었지만 뼈가 담긴 통을 치우고, 반찬을 다시 채워 오면서 '뼈가 담긴 통 비워주는 상사, 멋지지?'라며 속으로 자화자찬을 한다.

사실 머리로는 알고 있지만 서번트 리더십이라고 하면 굉장히 거창하고 아무나 할 수 없는, 범접할 수 없는 인격체만 할 수 있다는 느낌이 들 수 있다. 하지만 이 개그에서처럼 그저 말없이 직원들의 불편함을 해소해주고 그것을 자신의 공으로 여기지 않는 순수함이라고 이해하면 어떨까? '시끌벅적한 회식 자리에서 말없이 일어나 뼈가 가득 든 통을 비워주고 반찬을 리필해 오는 상사'처럼 말이다. 이런 작은 실천과 마음이 쌓이면 바로 그것이야말로 서번트 리더십을 잘 이해하고 행동하는 게 아닐까.

# 가족 같은 분위기라는 말의
# 진짜 의미

알바천국이나 알바몬 같은 아르바이트 구인구직 포털에 접속하면 '가족 같은 분위기', '가족적인 분위기', '가족처럼 일합니다.'라는 문구를 가끔 볼 수 있다. 그런데 여기서 말하는 '가족 같은 분위기'란 정확히 무엇일까? 실제로 가족의 긍정적인 면이 부각되는 경우도 있겠지만, 우스갯소리 혹은 나이 어린 친구들의 시쳇말로 '가족처럼 일한다는 것은 가족처럼 막 대하겠다.', '가족처럼 널 부려먹겠다.'라는 의미도 들어 있는 말은 아닐까.

가족은 사실 가장 친밀한 공동체다. 그러한 친밀함은 서로에 대해 정확히 파악하고 세세한 사항을 잘 알아 배려할 때 유지된다. 만약 조직을 가족처럼 운영하고 싶다면 이러한 특성을 알고 실천할 수 있어야 한다. 예를 들어 잦은 음주나 회식으로 인해 피곤해하는 직원이 있다고 하자. 그렇다면 그 직원을 위해서 피로회복제라도 하나 건네볼 수 있다. 한 직원의 모친 생신을 우연히 알았다면, 작은 선물을 건네면서 오래오래 장수하시길 바란다고 한마디를 전할 수도 있다. 이런 리더의 마음 씀씀이에 감동하여 업무의 능률과 사기도 올라갈 것이다. 이렇듯 직원들에게 리더의 따뜻한 카리스마를 발휘할 방

진정한 리더십 스킬 편

201

법은 얼마든지 있다.

또 '가족 같은 분위기'라는 말을 오해하면 안 된다. 직원의 입장에서 자신의 역할을 온 힘을 다해 하는 것은 기본이다. 다시 말해 가족 같은 좋은 분위기는 업무의 능률과 조직, 회사의 목표를 달성하기 위해 필요한 요소이지, 직원들의 개인적인 편의를 봐주거나 공사의 구분을 잘 못 하는 것을 감싸는 게 가족 같은 분위기는 아니라는 말이다.

구성원들에게 서로 간의 가족적인 분위기와 자유와 존중이 주어지는 것은 좋지만 그 안에서도 업무의 효율성을 유지하기 위한 규율은 있어야 한다. 규율이 없다면 조직은 그저 감정에 사로잡힌, 가족 같은, 본연의 목적을 잊어버린 사교 그룹에 지나지 않는다.

# 조직의 암세포와 같은 사내 따돌림, 괴롭힘을 늘 경계할 것

**"성공은 끝이 아니며 실패는 치명적이지 않다. 중요한 것은 계속하는 용기다."**
- 윈스턴 처칠

몇 년 전 세계적인 차량 공유, 글로벌 운송 기업인 '우버'는 직장 내에서의 성희롱 문제에 대해서 제대로 대처하지 못해 기업 이미지에 큰 타격을 입었다. 가해자의 성과가 좋다는 것을 이유로 그 사실을 은폐시킨 것이 문제였다. 성과 만능주의나 성과 압박이 심한 기업일수록 조직이나 회사 내의 괴롭힘이 만연할 가능성이 높다. 결국 계속되는 스캔들과 보이콧 확산으로 인해 우버의 창업자인 트래비스 칼라닉Travis Cordell Kalanick은 CEO 자리에서 물러나게 되었다.

우버뿐만이 아니다. 이런 일들은 우리나라의 기업에서도 심심치 않게 일어난다. '빨리빨리 문화'는 베이비 붐 세대와 더불어 한국전쟁 직후에 많은 성장을 한 요인으로 작용했지만, 최근에는 이러한 문화로 인한 문제점을 많이 볼 수 있다. 더 빨리 업무를 가르치기 위해서, 혹은 더 우수한 실적을 위해서 부하직원들을 괴롭히거나 따돌리고 인격을 말살하고 동료를 폄하하는 행위를 용인하기도 한다. 아무리 인사부서에서 근절시키려 해도 인간의 본질에는 악한 면이 있다 보니 이러한 일은 늘상 일어나기 마련이다.

조직이나 회사에서는 다양한 사람들이 모여 한 가지 목표를 향해 일한다. 하지만 살아온 성장 배경과 그 속에서 형성된 성격과 성향이 모두 다르기 때문에 마찰은 피할 수 없다. 오죽하면 '조직이나 회사 내에서 일이 힘든 것이 아니라 사람이 힘들어서 그만두고 싶다.'고 하겠는가. 과도한 괴롭힘이나 따돌림으로 인해 퇴사율이 높아진다고 생각해보라. 그렇게 되면 신입직원들을 교육하는 데에도 많은 시간과 비용이 들게 된다.

조직이나 회사가 추구하는 것은 최소한의 비용으로 최대한 많은 이익을 내는 것이 아니던가. 재능과 능력을 빛나게 하는 것은 인정과 격려다. 그런데도 우리나라의 기업문화는 과도한 엄격함을 암묵적으로 필요악必要惡처럼 여기는 경향이 있다. 그런 조직, 기업문화가 오랫동안 형성되었기 때문에 더불어 괴롭힘이나 따돌림을 자연스럽게 여기기도 한다.

생명을 다루는 간호사들에게는 무언가 불타면서 재가 될 때까지 혼을 내서 태워버린다는 의미 '태움'이라는 문화가 있다고 한다. 병원 등의 의료기관에서 근무하는 간호사들 사이에서 직급과 같은 서열로 이루어지는 다양한 악습을 의미한다. 단지 생명을 다룬다는 이유로 수련 과정에서 혹독한 괴롭힘을 당하기도 한다. 간호사들은 이런 이유로 평균 이직률이 34퍼센트에 달한다.

예를 들어 신입 간호사를 주임 간호사가 장시간 동안 많은 사람들 앞에서 꾸짖고 인격모독을 하는 행위를, 생명을 다루기 때문에 어쩔 수 없다고 여기기도 한다. 반면에 신규 간호사들이 얼마 못 가서 그만두거나 임신한 간호사는 사산, 유산을 하거나 자살을 하기도 하며 우울중에 걸리기도 한다. 이러한 괴롭힘이나 따돌림은 개인과 개인의 문제이기만 한 게 아니라 이런 일들로 인해 조직이나 회사의 분위기나 문화가 변질될 수 있다는 것을 명심해야 한다.

괴롭힘이나 따돌림을 당한 피해자, 당사자도 문제지만 목격자들의 경계심도 심해진다. 그 이유는 괴롭힘이나 따돌림을 한 상사, 리더들 혹은 동료들과의 불필요한 마찰을 피하기 위해 그곳에 에너지를 쏟아야 하며, 혹여나 그러한 이들로 인한 피해자가 될까 하는 두려움 때문에 업무에 집중할 수가 없게 되어 능률이 떨어진다.

나뿐만이 아닌 다른 사람들도 똑같이 변하면 공포심으로 인해 경직된 분위기가 되어버린다. 당연히 안정감은 느낄 수 없고 그 누구도 자신 있게 의견을 이야기하지 못하고 매사에 방어적인 태도로 임하게 된다. 이는 조직이나 회사에 대한 충성도를 떨어뜨려 전반적인 생산성과 업무적 효율도 떨어질 수밖에 없다.

요즘은 SNS가 발달하여 이러한 문제를 사회적으로 고발하려는 일도 많이 일어난다. 이러한 일이 빈번하게 일어날수록 기업의 이미지는 나빠질 수도 있고, 인재를 스카우트하기도 어려워진다. 이런 모습으로 조직이나 회사가 변하면 창의적이거나 새로운 변화를 시도할 수는 없다.

다시 말하지만 리더라면 부하직원을 감정적으로 대하는 것은 금물이다. 무언가를 교육한다는 명목하에 부하직원을 마치 감정의 샌드백으로 여기는 것도 사내 괴롭힘과 따돌림의 한 부류가 될 수 있다. 부하직원들의 기가 죽어서 상사, 리더들의 눈치만 보며 자신의 행동에 대한 자신감이 떨어지고, 혁신적인 아이디어를 냈다가 오히려 혼이 날까 봐 두려운 마음이 들 것이다. 그 속에서 경쟁이 심화된 조직문화가 암묵적으로 형성되어 상호 간의 단결과 협동심이 사라지며, 개개인이 따로 노는 현상이 생길 것이다.

"좋은 것은 배우기가 어렵지만 나쁜 것은 쉽게 배운다."라는 말이 있다. 나쁜 조직, 회사 문화는 쉽게 배우고 전염병처럼 퍼져나가기 쉽다. 부하직원들이나 동료들을 압박하여 빠르게 승진을 하거나 실적을 인정받으면 이것을 롤모델 삼는 무리가 생기거나 과시하기도 하며, 직장 내의 괴롭힘이나 따돌림이 정당화되고 정상적인 문화처럼 변질되어버린다.

자신을 사랑하지 못하거나 자존감이 낮은 사람일수록 누군가와 비교하고 상대방을 끌어내리려고 한다. 직장 내의 과도한 경쟁 심화로 인해서 상사, 리더, 부하직원들 상호 간의 우열 의식이 생기면 자존감이 다소 낮은 사람은 누군가를 괴롭혀서 그를 파멸에 이르게 한다. 그것이 업무가 될 수도 있고, 외모가 될 수도 있으며, 지역감정이나 성격 차이 등 다양하게 나타날 수 있다.

피해자는 자신이 받는 고통을 은폐하고 그냥 숨기거나 참으려 하는데, 그럴 때에는 참지 않고 공론화할 수 있는 용기가 필요하다. 물론 그게 어찌 말처럼 쉽겠는가.

국내의 다양한 기업들은 사내의 괴롭힘, 따돌림 등등의 악·폐습을 미리 예방하기 위해 다양한 시도를 한다. 사내의 '윤리 경영 규정'에 건강한 조직, 회사 문화를 위한 내용을 반영하며, 사내 포털사이트에 익명성을 보장할 수 있는 게시판을 운영하거나, 임직원 누구라도 익명으로 부당행위를 제보할 수도 있다. 경영지원실 차원에서 각 근무 현장을 다니면서 고충을 청취하기도 한다. 그 외에도 각종 괴롭힘, 성희롱 등에 관한 설문조사를 실행하기도 한다. 하지만 무엇보다 중요한 것은 이런 일이 일어나지 않도록 방지하는 게 아닐까? 리더라면 늘 조직을 살피고 건강한 분위기를 만드는 데 주의를 기울일 줄 알아야 한다.

# 대세 리더십,
# 츤데레 리더십 파헤치기

**"리더십은 책임자가 되는 것이 아니다. 책임을 맡은 사람들을 돌보는 것이다."**

- 사이먼 사이넥

'츤데레'라는 말의 의미를 알고 있는가? 겉보기에는 쌀쌀맞고 인정머리가 없는 모습이지만 실제로는 따뜻하고 자상하며 다정한 사람을 말한다. 〈낭만닥터 김사부〉를 보았다면 김사부<sup></sup>한석규를 한번 떠올려보기 바란다. 실제로 그는 츤데레 리더십의 진수를 보여준다.

누구나 상대방의 마음을 끌어당길 수 있는 능력이 있는데 그것이 흔히 말하는 '매력'이다. 첫인상이나 겉보기와는 다른 매력에 더 큰 자극을 받게 되는데 이것을 '반전 매력'이라고도 한다. 인기 드라마에서 리더십뿐만 아니라 연애, 로맨스의 모습도 묘사되는데 역시나 츤데레 스타일의 남성이 인기가 높다.

무언가 자기가 예측한 결과가 맞아떨어지면 감흥도 줄어든다. 그래서 개그나 유머에서도 전혀 예측 또는 예상치 못한 결과가 웃음을 유발한다. 어떠한 혜택이나 도움, 감동에 익숙해지면 그것도 역시 감흥이 줄어들기 마련이다.

'익숙함에 길들여져 소중함을 모르게 된다.'라는 말을 이해하는가? 누구나 자신에게 호의적으로 대해주는 사람을 좋아한다. 하지만 그것도 너무 뻔히 보이고 이미 예상이 되거나 일상처럼 익숙해지면 고마움을 느낄지언정 감동은 줄어든다. 겉모습이나 평소의 행동, 언행은 전혀 그렇지 않았는데 알고 보니 보이지 않는 곳에서 모든 것을 다 지켜보고 신경 쓰며 지켜주고 있다고 느끼게 되면 그 사람이 얼마나 매력적이고 감동으로 다가오겠는가.

정지현 저자의《요즘 애들은 츤데레를 원한다》에서 밀레니얼이 선호하는 리더들은 뚜렷한 공통점을 지니고 있는데 그것이 바로 '무심한 듯 세심하다는 것!'이라고 말한다. 겉으로는 무뚝뚝하고 냉정해 보이지만, 친절하고 따뜻한 마음을 지닌 츤데레 리더 그 자체를 원한다. 때로는 단호한 지적으로 도전에 직면하게 하지만, 필요한 순간에는 세심하게 도와주는 반전 매력을 드러낸다. 일의 방향과 우선순위를 알려주지만 그 외의 것들에 대해서는 직원의 자율성에 맡긴다. 한마디로 '알아서 하게 내버려두세요.'와 '다 챙겨주세요.'를 모두 요구하는 것이다. '와, 진짜 젊은 세대는 욕심도 많다.' 싶기도 하다.

어느 대기업의 상무는 자신이 근무하던 그룹, 기업의 전·현직 CEO들에게 많은 것을 배웠다고 한다. 심지어 자신이 다니던 회사의 CEO는 전부 츤데레 스타일의 리더십을 구사했다고 한다. 겉으로 보기에는 매우 엄격하고 냉정하지만 그 속내를 자세히 들여다보면 마음이 굉장히 따뜻한 리더였다는 것이다. CEO이기 이전에 인간적인 매력, 마음을 열게 하는 면이 있어야 많은 이들이 리더십에 동참하게 된다.

손흥민 선수의 아버지 손웅정 씨도 츤데레 리더십을 펼친다. 그는 축구와 관련된 것은 굉장히 엄격하고 근엄하며 진지하지만, 축구 이외의 일상에 있어서는 인자하고 자상한 성격으로 유명하다. 자신의 아들인 손흥민 선수를 "월드클래스이긴 아직 이르다."라고 이야기하지만 아버지로서, 스승으로서의 기본적인 애정과 관심이 있었기 때문에 손흥민 선수가 아시아를 뛰어넘어 세계적인 축구선수로서 성장할 수 있었을 것이다.

"살면서 누구를 만나느냐에 따라 인생이 달라질 수도 있어."

이는 드라마 〈미생〉 중 오 차장의 대사다. 그는 드라마 속에서도 언제나 '사람이 먼저'라는 마인드로 팀원과 동료들을 이끌었다. 업무 실수로 인한 질책, 동료들의 텃세, 직장 내의 괴롭힘, 그 외의 스트레스에 관해 츤데레 리더십을 보여주었다. 따뜻하고 짧고 강하게 동기부여를 하는 오 차장의 말과 행동은 많은 직장인들의 공감과 감동을 사기에 충분했다. 오 차장과 팀원들은 말도, 탈도, 갈등도 많았지만 결국은 그를 믿고 하나로 똘똘 뭉쳤다.

"길에서 보이길래 하나 주웠어. 너 가져."

굉장히 무뚝뚝하고 무심하고 시크한 듯하지만 츤데레들은 이런 반전 매력으로 상대방의 마음을 산다. 매력은 많을수록 좋다. 그런데 그 매력이 예측 불가라면 어떻게 상대방이 받아들일지 혹시 생각해봤는가. 마치 롤러코스터처럼 말이다. 조금 차갑고 성격도 무뚝뚝한 사람인 줄 알았는데, 의외로 다른 사람을 잘 챙겨주고 보호해주는 면이 있다면?

이미 예상이 되는 호감은 좋은 사람으로는 인식될 수 있지만 매력적인 사람으로는 각인시키기가 힘들다. 나는 츤데레 리더십에 대해 잘 모르던 시절, 아랫사람들에게 그저 무작정 잘해주기만 했던 적이 있다. 처음에는 반응도 굉장히 좋았고 그들도 나에게 마음을 열고 호감을 느끼는 듯했으나, 시간이 지날수록 그런 소중함을 잘 모르는 듯한 느낌을 받았다.

앞서 말한 것처럼, 상대방이 기대한 것과는 다른 모습을 보여주어야 츤데레의 매력에 빠진다. 어찌 보면 츤데레 리더십은 착하고 올바른 이들이 은유적으로 자신의 속마음을 감추고 호의를 간접적으로 드러내는 고도의 심리적 스킬이다. 사람들에게 진정한 마음을 예측하기 힘들게 전달하면서 누군가에게 매력과 호감을 강력하게 이끌어낼 수 있는 매력적인 리더십이 아닐 수 없다.

# 질책은 일대일로,
# 칭찬은 만인 앞에서

♟

"나는 큰 소리로 칭찬하고 작은 소리로 비난한다."
- 러시아 격언

리더라면 부하직원들의 사기 진작을 위해 어떤 방법의 칭찬과 질책을 해야 할까? 무조건 질책하지 않고 늘 좋은 소리만 한다고 훌륭한 리더는 아니다. 불만을 쌓아두기만 하다가 터져버리면 상황은 더욱더 악화되기만 할 것이다.

의외로 제대로 된 칭찬법과 질책법을 모르는 리더들이 많다. 앞서 말했듯이 질책하는 과정에 부정적인 감정만 담기면 안 된다. 이는 매우 치명적인 독처럼 작용해 상대방의 인격에 상처를 줄 수 있다. 어떤 리더는 다른 직원들이나 부하직원이 모두 있는 장소에서 부하직원을 질책하기도 한다. 거기에 더해 나쁜 감정을 담아 만인 앞에서 창피를 당해보라는 식으로 행동한다. 그것이 마치 윗사람의 특권이라도 되는 것처럼 말이다. 하지만 이는 최악의 행동이다.

간혹 화가 났을 때 크게 소리를 지르고, 무언가를 집어던지거나 물건을 쾅쾅 걷어차야 박력이 있거나 남자답다고 여기는 사람이 있다. 이는 정말 잘못된 생각이다. 진정한 알파이자 진정한 리더는 그 무엇보다 자신의 감정을 잘 제어한다. 특히 조직이나 회사에서 마치 공사를 구분하지 못하는 철없는 어린아이처럼 자신의 감정에 충실해서는 안 된다.

이는 동료와의 갈등 상황에서도 마찬가지다. 많은 이들이 보고 듣는 곳에서 질책해야 더 경각심을 느끼고 분발할 것이라고 여긴다면 매우 큰 오해다. 이런 행동을 하는 이는 배려심과 인간에 대한 심리의 이해가 부족한 리더다.

사람들은 다른 이들의 평판에 매우 민감하다. 다른 사람들이 과연 나를 어떻게 생각할지 궁금해하고 그것에 대해 신경 쓰며 살아간다. 그런데 여러 사람 앞에서 모욕을 당하면 그 모멸감이 배로 증폭된다. 설령 내가 잘못을 인정한다 하여도 사람들 앞에서 모욕을 느꼈다는 사실 때문에 상사에 대한 반항심과 분노, 증오심만 더 생긴다.

뉴욕대학교 심리학자인 리차드 펠슨Richard B. Felson의 분기별 사회심리학, '인상 관리와 공격성, 폭력성의 증대Impression Management and the escalation of Aggression and Violence, Social Psychology Quarterly, Vol 45(4)'에서는 일반인들뿐만 아니라 과거에 정신질환을 앓았던 사람 혹은 폭력 전과가 있는 사람들을 대상으로 다른 이들과 다투거나 주먹다짐을 벌였던 경험에 대해 설문조사를 했던 적이 있다.

펠슨은 그 상황 속에서 사람들이 어떤 조건에 놓였었는지 질문을 던졌다. 그는 응답자들이 경험한 사건의 상황을 다툼의 심각성 수준에 따라 네 가지로 구분하여 실험했다. 화가 났지만 아무런 일이 벌어지지 않았던 때, 말싸움을 벌였던 때, 주먹이 오고 갔지만 무기는 쓰지 않았던 때, 무기를 사용했던 때로 나누었다.

그는 여러 가지 질문을 통해 중요한 시사점을 찾게 되었다. 그중에 가장 주목할 만한 것은 '동성끼리 싸울 때 단둘이 있을 때보다 대중 앞에서 주먹다짐으로 번질 확률이 두 배가 높다.'는 점이었다. 이처럼 대중 앞에서 상대방에게 수치를 당하거나 모욕을 당하면 훼손된 자신의 가치와 평판이 그대로 노출되는 위험에 처한다. 단둘이서 싸우면 말다툼으로 끝날 수도 있는 것이 대중 앞에서는 주먹다짐으로 확장되거나 설령 그렇지 않더라도 분노의 강도는 더 클 것이다. 특히 남성은 자존심을 먹고 산다고 한다. 질책을 질책으로만 끝내야 하는데 타인의 자존심에 상처를 주면 당신에 대한 적대감만 늘어날 것이다.

드라마 〈미생〉에서 전형적인 '꼰대' 직장 상사의 표본으로 나왔던 마부장에 대해 한 외국인 친구는 이렇게 말한 적이 있다.

"미국에서 저런 식으로 대하면 총으로 쏴 죽인다. 나이를 먹고 난 후 화를 내는 것, 분노를 표출하는 것은 덜떨어진 사람이나 하는 것이지."

또 한 가지, '혼내기'와 '화내기'는 엄연히 다르다는 점을 기억해야 한다. 이는 직장에서뿐만 아니라 육아를 할 때에도 마찬가지다. 만약 부모가 화로 인해 욱해서 인내심을 잃고 사람들 앞에서 아이에게 소리를 지르거나 야단을 치면 그것은 훈육이 아니다. 그저 감정적으로 화를 낸 것뿐이다. 어린아이들도 당연히 수치심을 느끼고 자존감에 심각한 영향을 끼쳐서 성장에 좋은 영향을 주지 못한다.

어떤 리더들은 사람들 앞에서 혼내는 것을 다른 직장 동료나 후배들도 보고 배우라는 이유로 합리화한다. '혼낸다'는 것은 감정을 말살시키는 것이 아니다. 본인의 잘못을 깨닫게 해서 그것을 반복하는 것을 방지하기 위한 방법이다. 혼내는 것을 다른 사람들이 경각심을 느끼게 하는 생체 표본인 마루타처럼 여기는가. 이는 공개처형만큼 가혹한 행위다.

그에 반해 칭찬은 많은 사람들 앞에서 하는 것이 훨씬 효과적이다. 감정은 전염성이 있기 때문이다. 칭찬처럼 긍정적인 감정은 모든 이들의 칭송을 받고 그것이 넓게 퍼져야 더욱더 가치가 있다.

질책과 같은 부정적인 감정은 최대한 은밀하게 굵고 짧게 전달해야 한다. 질책이 의도와 달리 방법이 잘못되어 누군가에게 잘못 전달되면 그것은 독이 된다. 누군가가 감정 섞인, 혹은 화가 담긴 질책을 당하는 모습을 봤을 때 혹여나 내가 저렇게 될까 봐 두려움을 느낄 수 있고 분위기 역시 경직되기 마련이다.

계속 강조하지만 공개적으로 야단치면 그 사람이 반발심을 품는 것만으로도 당신에 대한 충성심에 금이 간다. 그런데 엎친 데 덮친 격으로, 평소 당신에게 반발심을 품고 있던 다른 부하직원들이 질책받은 부하직원의 편이라도 되는 순간, 당신은 조직이나 회사 내에서 공공의 적이 되어버릴 수 있다. 많은 시간을 마주하는 직원들과 평화로운 분위기에서 신뢰를 쌓아가고자 한다면 '칭찬은 만인 앞에서, 질책은 일대일로 은밀하게'만큼은 기억하길 바란다.

# 때로는 악역도 마다하지 않는 대범함이 있는가?

♞

"호랑이가 보고 있는데도 먹잇감이 그 앞을 태연히 지나간다.
가끔은 머뭇거리지 않고 덤벼드는 것이 실패를 막는 방법이다."

- 도교

"정직하고 인성이 된 사람이 사업을 잘하는 것은 맞지만 때에 따라서 나와 나의 사업체, 부하직원들을 지키기 위해 필요악으로서 악한 모습도 보일 수 있어야 한다."

동양철학을 공부한 어느 미래학자가 한 말이다. 사실 사업의 세계는 정글의 모습을 쏙 빼닮았다. 오죽하면 총성 없는 전쟁터라고 표현할까. 이런 곳에서는 착하기만 해서는 원하는 것을 얻을 수 없다. 어느 정도의 뻔뻔함, 때로는 체면을 버릴 줄 아는 유연성, 카리스마로 대를 위한 희생을 당연하게 여길 줄 아는 남성들이 리더가 된다.

학창 시절을 떠올려보라. 당시에도 잘 놀고 싸움도 잘하며 다소 얼굴이 두꺼운 면이 있어서 욕을 먹더라도 자기 실속을 잘 차리는 남학생들이 연애도 잘하고 무리를 이끌었다.

'문신 돼지국밥'이라는 신조어를 아는가? 이는 약간은 행실이 나쁘거나, 체면 따윈 신경 쓰지 않는 유형의 남성을 의미한다. 한마디로 거친 남자, 나쁜 남자 캐릭터다. 그런데 그 남성들이 가진 것이 많건 적건 간에 어쨌거나 여자친구는 대체로 예쁘다.

물론 아무리 거친 면을 가진 리더라도 심성은 기본적으로 착해야 한다. 그것에 더해 책임져야 하는 이들을 지키기 위해서 때로는 자신의 실체를 감추고 악역도 마다하지 않는 대범함이 리더에게는 있어야 한다.

중국의 《제왕학》에는 면후심흑面厚心黑, 즉 '얼굴은 두껍고 마음은 검다.'라는 말이 나온다. 이는 '대의명분을 내세워 무서운 얼굴로 상대를 몰아세운다.'라는 의미로 '생존하고 출세하려면 얼굴에 철판을 깐 것처럼 뻔뻔하고, 뱃속은 숯처럼 검어야 한다.'는 것이다. 그뿐만 아니라 《초한지楚漢志》나 《삼국지》 등 영웅호걸들이 경쟁하는 구도를 가진 이야기에서 천하를 호령하거나 최후의 승자가 된 이들은 대부분 필요에 따라 어느 정도는 검은 속내를 가지고 있다.

한마디로 리더, 알파, CEO인 남성들은 어느 정도는 필요악을 구사할 수 있어야 한다. 필자의 주변을 봐도 사업, 비즈니스, 인간관계, 연애 모든 면에서 알파인 남성들은 상황에 따라 대의를 위해서라면 마치 메소드 연기처럼 악역을 자처하기도 했다.

연애를 할 때에도 너무 착하기만 한 남자는 여성에게 매력을 어필하지 못한다. 오죽하면 나쁜 남자가 더 매력적이란 말이 있겠는가. 픽업아티스트에서도 착한 남자Nice Guy는 여성과의 매력Attraction을 쌓기 전에 신뢰, 편안함Comforts부터 찾으려는 남자가 되는 것을 금기시한다. 그런데

이는 사업에서도 마찬가지다. 사업은 내가 어떻게 하느냐에 따라 그 평판과 수입이 결정된다. 그런데 사업을 하다 보면 어느 순간 경쟁자가 생기고, 좋은 아이템을 만들어 창업하면 그것을 모방하는 이들이 생긴다. 이런 경쟁 상황에서 착하기만 하다? 모든 것을 빼앗긴 다음 '난 착하니까 어쩔 수 없었다.'라고 자조할 것인가.

영업을 할 때도 마찬가지다. 검은 속내는 아니지만 어찌 되었건 간에 잘나가는 영업맨은 잠재고객을 만나고 개척하기 위해 체면과 자존심을 모두 버리고 오로지 판매왕이 되고자 다소 우스꽝스럽거나 뻔뻔한 모습으로 자기 PR을 한다.

과거 현대자동차의 판매왕이자 현재 현대자동차 서대문중앙지점의 '최진실' 영업이사가 있다. 세일즈맨들은 보편적으로 정장을 입고 근무하지만 그는 다소 튀는 아이디어로 연미복을 입기도 하고, 교복 차림에 오토바이를 타고 고객을 만나는 아이디어로 고객들에게 자신을 각인시켰다.

필자의 어느 지인도 과거 자동차 세일즈를 하던 시절에 튀기 위해 유쾌하고 다소 과장된 아이디어로 백색 정장과 노란 나비넥타이, 백색 구두를 신고 영업활동을 했다. 이 모두 철저한 차별화를 위한 노력이었다.

자신의 몫을 잘 챙기기 위해서는 다소 영악한 일면이 있어야 한다. "우는 아이 젖 더 준다."라는 말처럼, 어떻게든 고객이나 회사에 어필하여 나의 실속을 차리기 위해 요구할 것은 확실히 요구할 줄 알아야 한다.

앞서 말한 바와 같이 중국에도 면후심흑을 바탕으로 한 후흑학을 잘 실천하여 천하를 얻은 영웅들이 많다. 대표적으로 《초한지》의 유방, 《삼국지》의 유비, 조조, 사마씨 등 다양하다. 그들은 자신의 목표를 위해 온갖 수모 속에서도 뻔뻔함과 시커먼 속내, 음흉함을 절대 잃지 않았고 자신이 원하는 것을 얻었다. 그들은 함부로 감정을 드러내지도 않으며 철저히 속마음을 숨기고 모든 일을 했다.

《삼국지》의 유비는 보통 인자하며 품성이 너그러운 덕장德將으로 여긴다. 심지어 가공 매체나 창작물에서 유비는 마치 귓불이 부처님처럼 긴 인자하고 자비로운 인물로도 묘사된다. 하지만 그는 전쟁에 지고 돌아올 때마다 애달피 울어 동정을 얻어낼 줄 알았고, 군대를 육성하겠다는 명분으로 형주의 땅을 빌리고도 반환하지 않았다. 제갈공명을 자신의 사람으로 만들기 위해 삼고초려三顧草廬도 했다. 철저한 이미지 관리를 통하여 주위 사람들로 하여금 자신을 인자한 사람으로 믿을 수밖에 없도록 만들었다. 이처럼 그는 진정한 처세의 달인이었고,《삼국지》최고 난세의 간웅奸雄이라 불리는 조조와 은인들을 최대한 이용하며 상황이 바뀌면 철저하게 배반했으며 임기응변의 전문가였다. '남에게 버림을 받느니 차라리 내가 남을 먼저 버리겠다.'는 것이 바로 그의 마음가짐이었다.

이처럼 영웅호걸들의 심리, 마음가짐을 자세히 파악해보면 훗날 더 큰 미래를 도모하기 위해 함부로 속마음을 드러내지 않고 감출 줄 알았다. 낯짝이 두껍고 속이 시커먼 것을 자신의 야망을 위해 감출 줄 알았다. 그렇다고 무조건 자신만의 이익을 위해 윤리성을 버리고 닥치는 대로 이율배반적인 행동이나 태도를 취하라는 것이 아니다. 항상 긴장하며 상대를 존중할 줄 아는 것이야말로 후흑의 진정한 원리이자 실전 철학이다.

대지약우大智若愚, 즉 가장 큰 지혜는 '멍청하지 않은데 멍청하게 보이는 것'이다. 정말로 잘난 사람은 오히려 티가 나지 않으며, 절대 무공의 고수조차 평소에는 파리 한 마리도 잡지 못하는 모습을 하고 있기도 하다. 오히려 부족하고 멍청하게 보이기까지 한다. 하지만 그러한 모습 속에는 엄청난 내공이 숨어 있다. 이처럼 리더는 때때로 자신의 본심을 감추고 드러내지 않을 줄도 알아야 한다. 바로 자신의 굳센 뜻과 그 뜻을 함께하는 이들을 지키기 위해서 말이다.

# 리더의 롤모델이 되기 충분한
# 알파 메일 늑대

♟

"당신의 시간은 한정되어 있다.
그러니 남의 인생을 사느라고 시간을 낭비하지 마라."
- 스티브 잡스

'늑대 무리를 이끄는 최고의 우두머리 리더인 수컷 늑대'를 일컫는 말인 알파 메일! 최초로 알파 메일이라는 용어를 쓴 사람은 스위스의 동물행동학 학자 루돌프 쉔켈Rudolf Schenkel이다. 그는 오랫동안 늑대의 무리생활을 자세하게 관찰하여 1947년, 자신의 논문에서 '늑대 사회의 알파 메일, 알파 피메일, 베타 늑대'라는 신조어를 썼고, 가장 약하고 뒷배경이 없는 승냥이는 '오메가 늑대'라고 정의했다. 이후 알파 메일은 강한 이미지의 남성을 비유하는 말로 사용되어왔다. 카리스마와 권력으로 호전성을 토대로 집단을 이끄는 남성이며 많은 남성의 로망이기도 하다.

늑대는 버려진 고대 로마의 건국자인 로물루스와 레무스가 직접 자신들의 젖을 먹여 키운 짐승이기도 하다. 심지어 이탈리아의 프로축구 리그인 세리에Serie A 소속 로마의 프로축구 클럽인 AS로마도 그 건국 신화 속 이야기를 토대로 하며 팀의 문양 역시 늑대다. 픽업아티스트에서 말하는 연애, 생물학적으로 매력적인 남성들이 많이 분포하며 그 표본이었던 카사노바의 국가인 이탈리아의 상징은 '늑대'다. 몽골과 튀르키에같은 유목 민족들은 늑대의 습성을 긍정적으로 여긴다. 그래서 심지어 조상신으로 생각하기도 하며, 몽골은 자신들의 국조國祖인 칭기스칸을 늑대의 후손으로 비유하기도 했다.

실제로 수컷 늑대는 리더십의 롤모델이 되어준다. 늑대 전문가들의 조언에 의하면, 알파 메일 늑대는 자신이 어떤 행동을 해야 무리에 좋을지를 끊임없이 고찰한다고 한다. 항상 자신감이 있으며 다른 짐승, 침입자들로부터 무리를 어떻게 지킬지 고민한다. 무리가 이동할 때에도 혹시 모를 만일의 상황을 대비하여 맨 뒤에서 모든 것을 지켜본다.

알파 메일 늑대가 무리를 이끌고 이동할 때에는 한 가지 특징이 있다. 바로 리더인 늑대가 다른 짐승들의 첫 표적이나 사냥꾼이 설치한 덫에 걸릴 확률이 높은 선두에 서서 길을 개척한다. 이처럼 늑대 리더는 희생 정신이 투철하다. 자신의 무리가 편안하게 행군할 수 있도록 늘 주위를 살피고 행동하는 것은 기본이고, 나이가 들고 늙고 병들었거나 약한 늑대부터 먼저 갈 수 있도록 배려한다. 이는 집단생활을 중요하게 여기기 때문이다.

단 한 마리도 낙오하는 개체가 생기지 않도록 걷는 속도가 느린 늑대부터 먼저 걷게 하며 젊거나 건강한 개체가 뒤를 따르게 한다. 혹시라도 중간에 낙오하는 개체가 생기면 짝을 지어서 밤새도록 수색하는 것도 늑대 무리의 특징이다.

게다가 선두에 서서 길을 개척하는 첨병 역할은 모두가 그 무게와 책임감을 감당하기 위하여 교대로 계속 자리를 바꾼다. 그 역할을 할 수 없는 개체는 행군하는 동안 뒤에서 발생하는 위험을 대비하고 어린 개체들을 돌본다.

특히 캐나다 북부지방의 툰드라 지대에 서식하는 늑대들은 리더로서 팀을 어떻게 다뤄야 하는지 그 귀감이 되는 키워드를 알려준다. 관찰에 의하면, 무리 내에서 서열이 낮은 두 마리의 늑대가 서로의 목덜미를 물 기세로 싸우는 동안, 무리 내의 우두머리 늑대는 마치 춤을 추는 것처럼 다가가 싸우는 두 개체 중 강한 녀석에게 장난을 쳤다. 그러자 싸움을 하던 개체는 싸움을 멈추고 우두머리 개체와 함께 장난을 치며 뒹굴었다. 결국 서로 싸우던 늑대들의 기세는 꺾였고, 싸우던 늑대들은 다시 일상으로 돌아갔다.

늑대 무리가 생존을 위한 먹이 사냥에 계속 실패할 때에는 분위기가 침체되고 서로 예민해져 싸우려는 기세가 느껴진다. 그런 상황에서 우두머리 늑대는 머리를 어깻죽지에 파묻고 하늘을 향해 애처롭게 울부짖는다. 그러면 다른 늑대들도 순간적으로 그리움에 가득 차 울부짖는데, 우두머리의 소리에 반음 정도 내려 소리를 내거나, 대위법으로 교차하며 울부짖기도 한다. 이는 공동체 간의 정서 표현으로, 무리를 안정시켜 다시 하나로 뭉치게 해준다. 이처럼 우두머리 늑대는 공동체, 무리의 단합을 해치는 행위나 침체될 수 있는 분위기를 전략적으로 다시 뭉칠 수 있게 조치한다.

리더 역할의 늑대를 통해 단순히 힘과 권력만이 리더십이 아님을 알 수 있다. 늑대들이 생존을 위한 긴장감으로 신경이 날카로워져서 쉽게 분열이 일어날 수 있는 것처럼, 노련한 알파 메일 늑대가 서로의 유대감을 형성하기 위해 소리를 지른다. 그러면 다른 늑대들도 역시 똑같이 소리를 지르며 울부짖는다. 늑대들은 같이 울부짖으면서 공동체 의식을 높인다.

이렇듯 알고 보면 가장 사심이 없는 리더십, 순수한 리더십의 정수는 알파 메일 늑대의 리더십이 아닐까 싶다. 하지만 안타깝게도 만물의 영장인 인간의 리더십은 정작 늑대만도 못한 경우가 많다. 그렇지 않은가?

리더라면 알파 메일의 기원인 늑대의 리더십을 롤모델로 삼아보는 것은 어떨까? 늑대의 리더십에서 긍정적인 부분을 벤치마킹하면 결속력을 단단하게 키워갈 수 있다. 늑대들 사이에서는 리더가 희생을 꺼리거나 자리를 자주 비운다면 리더 자격을 박탈시켜버린다고 한다. 그런 다음 새로운 리더를 내세운다. 늑대들에게 있어 리더는 집단생활을 위해 희생하며 노력하는 자리이기 때문이다. 이처럼 리더십은 희생정신을 기본으로 한다. 무조건 올라서서 군림하려는 것이 아니라 집단을 위해 희생할 줄 아는 늑대의 리더십! 이것이야말로 우리가 본받아야 할 리더십의 정수가 아닐까.

# 단합을 부르는
# '노래의 힘'

1950년대 남아프리카의 벤다족은 식량이 풍부하거나 각자의 욕심을 추구할 때 함께 노래하고 춤을 췄다고 한다. 무엇인가 분열의 조짐이나 그런 싹이 보이는 순간마다 춤과 노래가 그들의 공동체를 결속시킨 것이다. 조직이나 회사 역시도 워크숍이나 단합대회, 야유회 등에 가면 꼭 빠지지 않는 것이 노래나 합창이며 회사에 사가가 있기도 하다. 조직이나 회사 내의 최고 인사권자인 사장에게 각인되기 위해 신입사원이 노래를 하는 상황도 있지만, 더 파급력이 큰 것은 마치 알파 메일 늑대의 울부짖음과 같은 사장님의 노래다.

이런 사실을 토대로 어떤 교육 컨설팅 관련 대표님은 수강생들과 직원들을 고취시키기 위해 자신의 목소리가 담긴 노래를 직접 앨범으로 만들기도 했다. 수강생들과 직원들의 동기부여를 위한 노래를 직접 작곡하거나 작사하여 교육 시에도 불렀다. 마치 툰드라의 늑대들이 분열이 생길 것 같은 조짐이 생겼을 때나 조직의 결속력을 위해 서로 단합하고 노래하는 것처럼 동기부여를 통해 의욕을 고취시켜 성과를 만들기도 한다. 이러한 사실들을 토대로 우리 인간은 늑대의 리더십을 본받아 행동할 명분이 있는 것이다.

# 남자와 여자, 다름을 알고
# 서로를 이해하는 법

---♟---

*"나는 대화를 떠올릴 때면 늘 여성과의 대화를 떠올린다.*
*왜냐하면 가장 좋은 대화란 영감을 주며, 이에 상응해 '맞장구'라는 신성한 요소를*
*필요로 하는데, 이 요소를 여성이 아니면 어디에서 찾을 것인가?"*
*- 올리버 웬델 홈스*

같은 사람이지만 오묘하게 다른 존재, 여자 그리고 남자. 그런데 그 다름을 풀어내고 이해하는 방법도 시간이 지남에 따라 바뀌어간다. 몇 십 년 전만 해도 가부장적이고 남성 위주의 사회였지만, 요즘은 점점 더 남녀가 진정으로 동등하게 성장하는 사회로 거듭나고 있다. 이와 더불어 남성과 여성이 서로의 차이를 잘 알고 지혜롭게 소통하는 능력은 정말 중요하다.

우리나라는 지금 여성 대통령을 포함하여 리더, CEO, 장·차관, 국회의원 등 여성이 높은 직위에 진출하는 사례가 많다. 크로아티아에서도 2015년부터 2020년까지 콜린다 그라바르 키타로비치라는 여성 대통령이 통치했다. 아직은 남성의 비중이 크지만 점점 더 다양한 분야에서 여성의 활동이 활발해지고 있다.

과거 남성 위주의 보수적이고 권위적인 사회 분위기로 인해 소홀하게 다루어졌던 여성에 대한 성희롱 혹은 언어 폭력 등의 문제는 미투운동으로 진화하여 전 세계적인 문제로 이슈화되었다. 이러한 사회의 흐름을 잘 읽고 남성 리더나 CEO 경영자, 알파라면 특히 '성적인 사회적 평등화'에 잘 대처해야 한다.

지금부터는 커뮤니케이션과 사고방식에 있어서 남녀 간의 차이를 살펴보겠다. 이런 다름을 알고 이해하는 것이야말로 바로 남녀가 평화롭게, 더불어 지혜롭게 일할 수 있는 기본이기 때문이다.

먼저 남성은 직접적인 화법을, 여성은 간접적인 화법을 주로 사용한다. 다시 말해 남성은 일일이 하나하나 말해주어야 쉽게 이해한다. 예를 들어 "밥 먹을래?"라는 질문에 남성은 "그래, 좋아." 혹은 "아니, 별로." 등 직접 자신의 마음을 표현하는 반면, 여성은 "아니, 괜찮아."라고 표현하더라도 그것이 진짜 밥을 안 먹겠다는 것인지, 한 번에 승낙하기가 미안하거나 부끄러워서 일단 사양하는 것인지 정확히 알 수 없다. 그러므로 상황과 뉘앙스 등으로 그 속마음을 파악해야 한다.

남성은 보통 관계보다는 사실 위주로 대화를 하고 자존감과 사회적 지위를 지키는 수단으로서, 혹은 이것에 의하여 자신의 입장을 확실하게 밝히고 경쟁적인 대화를 지향한다. 화법도 명령형이거나 위협적이고 자기 자랑을 많이 하는 편이며, 언어 폭력보다는 욱하는 성격을 신체 폭력으로 휘두르는 성향이 강하다. 하지만 여성은 진실보다는 관계 지향적인 의사소통을 하며, 대화는 관계를 맺고 그것을 조율하는 수단으로서 사용하며, 자기를 다소 낮추는 대화 방식과 감탄사를 사용해 상대방의 말에 리액션을 취한다. 이로써 상대에게 동조하며 협조적이지만 그만큼 언어적인 폭력도 교묘하게 잘 사용한다.

평균적으로 여성은 남성보다 훨씬 더 많은 어휘를 사용한다. 남성들은 평소에 말을 잘 하지 않으며 자신이 생각하는 언어 사용의 한계가 느껴지면 타인, 특히 여성의 말에 잘 끼어들기도 한다. 그래서 여성은 자신이 무언가 중요한 정보를 전달할 때 남성이 계속 끼어들면 그 사실을 알려주고 기분이 나쁘다는 것을 인지시켜주는 것이 좋다.

일상적인 대화에서도 여성은 스스로를 낮추거나 비하하는 '자책'을 상대와 자신을 연결시키는 수단으로 사용하지만, 남성은 타인에 대한 험담을 하거나 불만을 나타내는 '비난'으로 대인관계를 형성하는 경향이 있다. 남성은 목표 지향적이며 그것을 직설적으로 표현하는 반면, 여성은 어떤 결과보다는 과정에 대해 더 많이 말하는 특징이 있다. 업무적 목표 달성도 중요하지만 내가 지금 하고 있는 일에 대해 다른 사람들과 더 이야기를 나눈다. 만약 당신이 이런 특징을 가진 여성이라면 그 과정과 결과 사이에서 적당한 합의점을 찾기 위해 노력해야 한다.

남성은 대체로 이성적, 논리적, 진취적, 대담성, 독재성, 거칠고 공격적, 독립적 성향과 강함을 보이지만, 여성은 모성 본능이 강하며 따뜻하고 의존적이며 꿈이 많고 복종, 감성적, 수동적 성향을 나타낸다. 유아기 시절에도 여자아이들은 언어 능력이 남자아이들보다 대체로 뛰어나 말을 더 먼저 하고 남자아이들은 수리, 공간지각 능력이 여자아이들보다 더 뛰어난 편이다. 그래서 남성과 여성이 서로 말싸움을 하면 여성이 좀 더 유리하다.

남성의 소통적 유형은 그들의 사회, 권력과 관련이 있다. 육체적인 투쟁심 관련 분야는 남성의 전문이다. 투쟁에 대한 유전자 말이다. 역할이 엄격하게 규정되지 않은 상황 속에서 남성은 조금 더 독재적일 수 있고, 여성은 민주적인 경향을 보일 수 있다.

남성과 여성은 일상적인 대화 주제도 차이가 있다. 리더, 알파, CEO로서도 남성은 과제 중심적, 지시적인 면이 강하고 여성은 특유의 섬세한 돌봄이 가능하여 점진적으로 더 많은 조직체에 집단정신을 세우는 고무적, 사회적 리더십에 유리하다. 남성은 여성에 비해 타인을 지배하고 출세하며 승리하는 것을 중요시한다. 이런 특성으로 인해 집단 내에서 갈등이 생겼을 때보다 국가 간 전쟁과 같은 집단 간 갈등이 있을 때에는 남성 지도자를 선호한다. 보편적인 대화의 주제에 있어서도 남성은 금전, 비즈니스, 게임과 관련된 것에 관해 이야기한다. 하지만 여성은 인간관계, 사람, 남성, 의류, 장신구, 장식용품과 관련된 것에 대한 이야기가 많다.

요즘은 금전과 비즈니스, 다른 대화 주제에서 나타나는 남성과 여성의 차이가 줄어들고 있으며, 여성의 사회 진출이 계속 높아지고 있다 보니 남성과 여성 간의 대화 주제도 점점 비슷해지고 있다.

생물학적인 관점에서는, 아무래도 여성은 자녀를 양육하고 남성은 가족을 부양하는 것을 주로 맡는 구조이므로 여성은 관계 지향적이며 남성은 생계에 관련된 것이 주요 관심사다.

필자도 동성 친구들을 만나면 주로 돈이나 주식, 부동산 혹은 자동차 같은 주제에 대해 이야기한다. 또 주변 여성들의 대화를 듣다 보면 화장품이나 장신구, 의류, 패션과 같은 주제가 많은 편이었다.

과거에는 결투나 다툼이 물리적 힘을 과시하는 몸싸움이었다면 지금은 글쓰기나 말하기로 경쟁하는 두뇌 싸움으로 변하고 있다. 변호사, 정당 대변인, 칼럼니스트, 방송 패널의 논쟁, 혹은 랩 배틀Rap Battle 등을 보면 말이나 글을 사용해서 자신이 강한 사람임을 과시하곤 한다. 게다가 이성이 보고 있으면 그 경쟁이 치열해지는 것은 사회적 지위뿐 아니라 이성에게 보내는 구애 신호이기도 하다. 남성은 두뇌가 우수한 것을 자랑하기 위해 유머, 말하기, 글쓰기로 자신을 드러낸다. 언어 능력이 뛰어나면 사회생활에 있어서도 많은 이점으로 작용하며 상대에게 심리적 자극을 줄 수 있다.

지금 사회에서 언어적인 우월성은 생존의 무기가 된다. 그래서 알파메일로서 상대방에게 호감을 주거나 유리한 위치를 차지하기 위한 도구가 되어준다. 글쓰기나 말하기에 능통할 때 이성을 유혹하고 경쟁자를 물리치는 효과가 있다.

때로는 픽업아티스트에서 윙Wing으로서 여성에게 매력을 어필하는 행위를 도와주는 것에서도 이런 모습이 드러난다. 어떤 남성은 나에게 윙으로서 도움을 주는 남성을 되레 깎아내리거나, 쓸데없이 윙 남성에게 경쟁심리를 내비치는 등의 행동으로 오히려 매력을 더 반감시켜 작업에 실패하기도 한다. 군대, 형무소, 학교 내 청소년들 사이에서 볼 수 있는 비속어나 욕설 문화도 자신의 힘을 과시하는 행위이며 자기 자랑이기도 하다. 이렇게 남성은 경쟁, 투쟁에 대한 심리가 강하다.

이러한 남성과 여성의 다양한 심리적 특징을 미리 파악해서 조직이나 회사 내에서 직원들과 소통할 때 참고하면 좋다. '화성에서 온 남자, 금성에서 온 여자'라는 말처럼 우리는 늘 남성과 여성은 다른 별에서 왔다는 것을 기억하고 이해하여 노력하면서 소통해야 한다. 마지막으로 수전 손택Susan Sontag의 명언을 늘 마음에 간직하길 바란다.

"남성미가 넘치는 남성에게서 가장 매력적인 요소는 어딘가 여성적인 면이며, 여성미가 넘치는 여성에게서 가장 매력적인 요소는 어딘가 남성적인 면이다."

# 픽업아티스트의 알파 메일의 조건,
# 리더의 세계에서도 역시나 통한다

여론조사기관인 해리스폴이 2019년 3월에 발표한 '2019년 기업평판 우수 100대 기업' 조사 결과에 따르면, 슈퍼마켓 체인 웨그먼스는 평점 83점으로 3년 연속 1위를 차지했던 아마존을 물리치고 왕좌에 올랐다. 그 비결은 무엇일까? 바로 '직원을 귀하게 여기는 기업문화' 덕분이다.

웨그먼스 본사에 걸려 있는 '직원이 먼저, 고객은 그다음Employee First, Customer Second'이라는 문구도 유명하다. 업계 평균 25퍼센트 높은 보수를 제공하고 1,200억 원을 지원하여 대학 진학 독려, 일과 삶의 워라벨 균형 보장으로 직원 만족도가 높으며 정리해고 역시 하지 않는다. 업무적 창의성을 위해 직원들을 믿고 맡긴다는 업무적 대원칙을 지킨다. 그래서 이를 웨그먼스 효과Wegmans Effect라고도 부른다. 직원을 존중하고 배려하며 투자하면 직원의 만족감과 일에 대한 동기가 높아지고 생산성 향상으로 이어져서 회사도 성장한다는 개념이다.

나는 이 웨그먼스 효과를 추구하고자 픽업아티스트에서 필요한 능력과 연계하여 리더십을 연구했다. '연애를 잘하기 위한 매력, 남성과 여성의 심리를 잘 파악하는 통찰력, 여성의 마음을 알고 이를 파고들기 위한 노력'과 같이 픽업아티스트에서의 알파 메일의 조건은 역시나 리더의 세계에서도 통한다는 신념으로 이 책을 썼다.

한 조직이나 회사 내에서 리더, CEO, 알파 메일로서 인정받고 직원들의 충성심을 이끌어낼 수 있는 인간미 넘치는 리더십을 발휘하기 위한 자세한 방법과 노하우에 관해 실제 경험을 바탕으로 최대한 풀어내고자 했다. 특히 조직이나 회사의 잘못된 기업문화를 바꾸고 남성 그리고 여성의 심리 분석과 그것을 꿰뚫을 수 있는 통찰력으로 남성, 여성 직원의 갈등을 풀어갈 수 있는 기반이 되길 바란다. 이를 실천하면 여성 직원에게 호감을 얻는 것뿐만 아니라 남성 직원에게도 인기가 높아지는 놀라운 결과가 나타날 것이다.

이 책의 내용을 바탕으로 실천한 리더가 이끄는 조직의 기업문화가 좀 더 밝아지고 여성 직원들의 의욕을 높일 수 있게 나비효과를 일으켜주길 소망한다. "나는 위대하고 고귀한 임무를 완수하기를 열망한다. 하지만 나의 주된 임무이자 기쁨은 작은 임무라도 위대하고 고귀한 임무인 듯 완수해나가는 것이다."라는 헬렌 켈러의 명언처럼, 부디 많은 남성 리더들이 이 책의 내용을 실천하고 참고하여 매력적이어서 정말 진심으로 따르고 싶은 알파 메일로 우뚝 섰으면 좋겠다.

마지막으로 나에게 영감을 준 많은 지식인들, 과거 만나서 긍정적인 영향을 준 멘토들과 인연이 되어주신 모든 이들에게 감사드린다. 특별히 이 책이 세상에 나올 수 있게 온 힘을 다해 도와주신 한국영업인협회 심길후 회장님, 출판사 대표님, 동기부여를 해주신 ㈜다온 최유리 대표님, 나의 인생관을 형성할 수 있도록 도와주신 부모님, 구 연애컨설턴트, 재회 전문업체 퍼시드의 곽현호 대표님, 시니어 연애 코치인 연어고기 김연호 님께 감사드린다.

김승호 지음, 《사장학개론》, 스노우폭스북스, 2023. 4.

이케하라 마사코 지음, 이주희 엮음, 《습관 매력은 습관이다》, 동양북스, 2018. 3.

https://brunch.co.kr/@hanuuri/94

https://m.blog.naver.com/huuimci/221256645946

https://www.sedaily.com/NewsView/1VPEJQAXYE

https://blog.naver.com/PostView.naver?blogId=businessinsight&logNo=22312980
8341&proxyReferer=

https://n.news.naver.com/mnews/article/296/0000067057

https://eskill.tistory.com/120

https://blogforgift.com/%EB%82%A8%EC%9E%90%ED%94%BC%EB%B6%80
%EA%B4%80%EB%A6%AC/

https://m.blog.naver.com/PostView.naver?isHttpsRedirect=true&blogId=aquaii&lo
gNo=70110555448

https://okss17.tistory.com/108

https://www.newswire.co.kr/newsRead.php?no=459087

https://www.currentschoolnews.com/ko/%EC%9D%B8%EC%9A%A9-
2/%EC%9D%B8%EC%9A%A9-%EB%B6%80%ED%98%B8/%EB%
8B%B9%EC%8B%A0%EC%9D%98-%EB%AA%B8%EC%9D%84-
%EB%8F%8C%EB%B3%B4%EB%8A%94-%EB%8D%B0-%EB%8F%84%EC%
9B%80%EC%9D%B4%EB%90%98%EB%8A%94-%EC%8A%A4%ED%82%A8-
%EC%BC%80%EC%96%B4-%EC%9D%B8%EC%9A%A9%EB%AC%B8/

https://www.mk.co.kr/news/culture/4440714

https://www.ohmynews.com/NWS_Web/View/at_pg.aspx?CNTN_CD=A0000815756

https://www.dongascience.com/news.php?idx=17558

https://blog.naver.com/helmut_lang/150038373393

https://m.blog.naver.com/PostView.naver?isHttpsRedirect=true&blogId=hsj5155&logNo=220436209882

https://blog.naver.com/psypang/50171639496

https://www.nodong.kr/catch_up/1919630

https://casenote.kr/%EB%8C%80%EB%B2%95%EC%9B%90/2017%EB%91%9038560

https://www.allurekorea.com/2017/01/17/%EB%82%98%EC%9D%B4%EB%B3%B4%EB%8B%A4-%EC%96%B4%EB%A0%A4%EB%B3%B4%EC%9D%B4%EB%8A%94-%EB%8F%99%EC%95%88%EC%9D%98-%EB%B9%84%EA%B2%B0/

https://dl.dongascience.com/magazine/view/S200605N026

https://bug.verticalrisepost.com/entry/%EC%9D%B4%EA%B8%B8%EC%97%AC-%EC%B4%9D%EC%9E%A5

https://kkirukday.tistory.com/193

https://blog.naver.com/baemju/222215267443

https://www.sungshin.ac.kr/bbs/health/3899/60746/artclView.do

https://www.joongang.co.kr/article/2391856#home

https://m.blog.naver.com/PostView.naver?isHttpsRedirect=true&blogId=haeundo&logNo=221462237198

https://biz.chosun.com/site/data/html_dir/2017/10/11/2017101101304.html

https://health.chosun.com/site/data/html_dir/2021/08/04/2021080401470.html

https://n.news.naver.com/mnews/article/346/0000062339

https://news.kbs.co.kr/news/view.do?ncd=2598530

https://www.etoday.co.kr/news/view/678949

http://www.ceojhn.com/news/articleView.html?idxno=1081

https://m.blog.naver.com/palbo0830/223100815777

https://blog.naver.com/thisshang/223141419328

https://univ20.com/20921

https://www.thedailypost.kr/news/articleView.html?idxno=70608

https://m.cafe.daum.net/bananalove.com/GhKf/34?svc=cafeapi

https://www.fmkorea.com/4392929452

http://g2gpartners.com/basic/bbs/board.php?bo_table=column&wr_id=32&me_code=5020

https://blog.naver.com/PostView.nhn?blogId=charles3118&logNo=222352846943&parentCategoryNo=&categoryNo=10&viewDate=&isShowPopularPosts=true&from=search

https://www.lecturernews.com/news/articleView.html?idxno=128990

https://www.mk.co.kr/news/business/4302373

https://www.thereport.co.kr/news/articleView.html?idxno=183

https://news.kbs.co.kr/news/view.do?ncd=3079498

http://jameschung.kr/archives/7412

https://blog.naver.com/miok2223/100051008509

https://m.blog.naver.com/PostView.naver?isHttpsRedirect=true&blogId=77846p&l

ogNo=221412942565

https://leechar1212.tistory.com/594

https://nara.kosmes.or.kr/newshome/mtnmain.php?mtnkey=articleview&aid=4076

https://www.etnews.com/200304160111

https://www.unipress.co.kr/news/articleView.html?idxno=8020

https://m.blog.naver.com/PostView.naver?isHttpsRedirect=true&blogId=wndtla9&l

ogNo=19600332

https://dbr.donga.com/article/view/1401/article_no/6049/ac/magazine

https://dbr.donga.com/article/view/1201/article_no/1256/ac/magazine

https://www.dongascience.com/news.php?idx=18821

http://www.samsunghospital.com/home/healthInfo/content/contenView.

do?CONT_SRC_ID=27477&CONT_SRC=HOMEPAGE&CONT_ID=3780&CONT_

CLS_CD=001022004

https://www.research-paper.co.kr/news/articleView.html?idxno=245409

https://m.cafe.daum.net/ehyun0207/JTzd/53?listURI=%2Fehyun0207%2FJTzd

https://blog.naver.com/msnayana/80149386477

https://www.bbc.com/korean/features-63274212

https://m.blog.naver.com/PostView.naver?isHttpsRedirect=true&blogId=badana

mu_english&logNo=221275212215

https://www.lgbr.co.kr/report/view.do?idx=17713

https://blog.naver.com/sliebe43/222610602710

https://news.mt.co.kr/mtview.php?no=2015082003392049126

https://m.blog.naver.com/bizwebkorea/221162475106

https://www.mk.co.kr/news/business/5172644

https://www.joongang.co.kr/article/13033374#home

https://pann.nate.com/talk/200117791

https://weekly.donga.com/List/3/all/11/84577/1

https://www.hellodd.com/news/articleView.html?idxno=21906

http://www.mkhealth.co.kr/news/articleView.html?idxno=26989

https://news.mt.co.kr/mtview.php?no=2023010111172572928

http://www.seehint.com/hint.asp?no=12304

https://becomerich.tistory.com/47

https://m.cafe.daum.net/iamceo/4kK8/1094?listURI=%2Fiamceo%2F4kK8

https://brunch.co.kr/@woodyk/248

https://yskkowis.tistory.com/298

https://weekly.donga.com/List/3/all/11/83428/1

https://www.hellodd.com/news/articleView.html?idxno=12744

https://ttimes.co.kr/article/2021040710337791095

https://www.ilyosisa.co.kr/news/article.html?no=3010

http://www.abouthr.co.kr/news/articlePrint.html?idxno=2160

https://www.superookie.com/contents/5a58558d8b129f6e5d490601

https://mendilab.com/how-to-get-out-of-perfectionism/

https://brunch.co.kr/@jjunjoe/189

https://smallissue.tistory.com/21

https://nicefastlane.tistory.com/284

https://www.joongang.co.kr/article/22372821#home

http://www.sijung.co.kr/news/articleView.html?idxno=255176

https://business.adobe.com/kr/blog/perspectives/diversity-survival-strategies

https://brunch.co.kr/@snappykun/36

https://www.tpiinsight.co.kr/insight/2020/05/27/%EC%84%B1%EA%B
3%B5%ED%95%9C-%EB%A6%AC%EB%8D%94%EC%9D%98-%EB
%AA%A9%EC%86%8C%EB%A6%AC-%EB%B9%84%EB%B0%80-%EC%A4%
91%EC%A0%80%EC%9D%8C%EC%9D%84-%EC%9C%84%ED%95%9C-
3%EA%B0%80%EC%A7%80-%EB%B0%A9%EB%B2%95/

https://www.datanet.co.kr/news/articleView.html?idxno=86895

https://m.health.chosun.com/svc/news_view.html?contid=2012072301919

https://dbr.donga.com/article/view/1303/article_no/6875

https://m.health.chosun.com/svc/news_view.html?contid=20110620017878&

https://blog.naver.com/businessinsight/221692090038

http://www.fins.co.kr/news/articleView.html?idxno=45690

https://health.chosun.com/site/data/html_dir/2011/05/04/2011050401350.html

https://medicalworldnews.co.kr/m/view.php?idx=1426576340

https://transcendental-meditation.kr/tm-for-success/

https://www.brainmedia.co.kr/BrainTraining/8362

https://hr.wanted.co.kr/insights/what-kind-of-ceo-do-you-want-to-be/

https://love111.tistory.com/1873

https://www.hankyung.com/opinion/article/2022030296271

https://media.fastcampus.co.kr/insight/humanresource-core-netflix/

https://www.mobiinside.co.kr/2021/09/22/family-company/

https://brunch.co.kr/@sungyoulkim73/73

http://www.kscoramdeo.com/news/articleView.html?idxno=1732

https://ppss.kr/archives/87547

http://webzine.daesoon.org/m/view.asp?webzine=246&menu_no=4260&
bno=7792&page=1

https://dongkug2.tistory.com/entry/%EC%A7%81%EC%9B%90%EC%9D%84-
%EB%AF%BF%EC%96%B4%EB%9D%BC

https://www.mobiinside.co.kr/2022/05/24/team-trust/

https://www.sciencetimes.co.kr/news/%EB%A6%AC%EB%8D%94%EC
%9D%98-%EC%84%B1%EA%B3%B5%EB%B9%84%EA%B2%B0%EC%
9D%80-%EC%8B%A0%EB%A2%B0/

https://jadolbo.tistory.com/entry/CEO%EB%AA%85%EC%83%81%EB%AA%85
%EC%83%81%EC%9D%84-%ED%86%B5%ED%95%9C-%EC%9E%90%EA%
B8%B0%EB%8F%8C%EC%95%84%EB%B3%B4%EA%B8%B0

https://m.health.chosun.com/svc/news_view.html?contid=2014071702806

https://kmisfactory.tistory.com/1725

https://pgr21.com/humor/408546

http://weeklybiz.chosun.com/site/data/html_dir/2010/05/21/2010052100900.
html

https://sky2003kr.tistory.com/65

https://learning-storm.biz/msniri-kounyusaseru7673/

https://www.donga.com/news/article/all/20010617/7703708/1

https://www.hani.co.kr/arti/science/science_general/779717.html

https://blog.naver.com/businessinsight/223155821496

https://m.cafe.daum.net/9zon/BDT1/28?listURI=%2F9zon%2FBDT1

https://ourthink.tistory.com/8

https://www.tpiinsight.co.kr/insight/2020/05/19/ceo%EC%9D%98-%ED%94%84

%EB%A0%88%EC%A0%A0%ED%85%8C%EC%9D%B4%EC%85%98-
%EB%B0%A9%EB%B2%95-%EC%8A%A4%ED%8B%B0%EB%B8%8C%EC
%9E%A1%EC%8A%A4%EC%97%90%EA%B2%8C-%EB%B0%B0%EC%9A%-
B8-%EA%B2%83%EB%93%A4/

https://wolfkorea.com/love/593

https://m.todayhumor.co.kr/view.php?table=total&no=4458428

https://m.blog.naver.com/PostView.naver?isHttpsRedirect=true&blogId=diet_
lab&logNo=220178876658

https://m.cafe.daum.net/ehyun0207/JTzd/34

https://m.blog.naver.com/da0023/221784181054

https://gall.dcinside.com/board/view/?id=dcbest&no=37551

https://platonacademy.org/29/?q=YToyOntzOjEyOiJrZXI3b3JkX3R5cGUiO3M6M6M
zoiYWxsIjtzOjQ6InBhZ2UiO2k6MTM7fQ%3D%3D&bmode=view&idx=8648720&t
=board&category=a667o860b7

https://m.blog.naver.com/mentorkimsam/222672609447

https://weekly.donga.com/List/3/all/11/82592/1

https://www.korea.kr/multi/visualNewsView.do?newsId=148860393

https://blog.naver.com/life_n_work/221475566816

https://brunch.co.kr/@hjkim0892/38

https://www.hani.co.kr/arti/economy/economy_general/361123.html

http://www.chungnamilbo.com/news/articleView.html?idxno=531066

https://www.onews.tv/news/articleView.html?idxno=64761

https://www.mk.co.kr/economy/view.php?sc=50000001&year=2022&no=579057

http://www.kmedinfo.co.kr/news/articleView.html?idxno=54028

https://www.fmkorea.com/best/5198337547

http://www.jbnews.com/news/articleView.html?idxno=802492

https://m.blog.naver.com/PostView.naver?isHttpsRedirect=true&blogId=yk6058&logNo=60134923360

https://brunch.co.kr/@wisesaying/19

https://www.mk.co.kr/news/it/4619979

https://moretstorymore.tistory.com/entry/%ED%9A%A8%EC%9C%A8%EC%A0%81%EC%9C%BC%EB%A1%9C-%ED%99%94%EB%A5%BC-%EB%8B%A4%EC%8A%A4%EB%A6%AC%EB%8A%94-%EB%B0%A9%EB%B2%95%EA%B0%90%EC%A0%95%EC%BB%A8%ED%8A%B8%EB%A1%A4

https://m.blog.naver.com/PostView.naver?isHttpsRedirect=true&blogId=wb1023&logNo=220715352943

https://www.nocutnews.co.kr/news/5953924

https://www.korea.kr/news/cultureColumnView.do?newsId=148896110

https://www.ytn.co.kr/_ln/0103_202209130922456025

https://news.kbs.co.kr/news/view.do?ncd=7635118

https://www.chosun.com/economy/weeklybiz/2023/02/16/ETUYCQHUDNAQVCSPBFNXNUTKDM/

https://blog.naver.com/ongkijongki0628/223130258645

https://www.skyedaily.com/news/news_view.html?ID=89373

https://0k-cal.com/%EC%A7%91%EC%95%88%EC%97%90-%EC %9D%B4-%EB%AC%BC%EA%B1%B4-%EC%9D%B4-%EC%9E%88%EB%8B%A4%EB%A9%B4-%EB%8B%B9%EC%9E%A5-%EB%B2%84%EB%A6%AC%EC%8B%9C%EA%B8%B8-%EB%B0%94%EB%9E%8D%EB%8B%88%EB%8B%A4/

https://m.blog.naver.com/PostView.naver?isHttpsRedirect=true&blogId=danhan0
9&logNo=140015734914

https://m.blog.naver.com/PostView.naver?isHttpsRedirect=true&blogId=jazztv2&l
ogNo=221415646143

https://m.blog.naver.com/PostView.naver?isHttpsRedirect=true&blogId=changew
ay&logNo=221480106390

https://www.econovill.com/news/articleView.html?idxno=160192

https://www.ksilbo.co.kr/news/articleView.html?idxno=378816

https://m.dongascience.com/news.php?idx=-47625

https://m.blog.naver.com/PostView.naver?isHttpsRedirect=true&blogId=seskaka&
logNo=60100881277

https://m.blog.naver.com/seskaka/60100546493

https://m.blog.naver.com/PostView.naver?isHttpsRedirect=true&blogId=miracc&lo
gNo=125181125

https://businessroadmap.tistory.com/entry/%EC%9E%A5%EC%82%AC%EC
%99%80-%EC%82%AC%EC%97%85%EC%9D%98-%EC%B0%A8%EC
%9D%B4-by-%EA%B9%80%EC%8A%B9%ED%98%B8-%ED%9A %8C
%EC%9E%A5

https://snobbism.tistory.com/73

https://maria.catholic.or.kr/mi_pr/missa/bbs_view.asp?num=5608&id=72623&ref
=15813&menu=4770

https://m.blog.naver.com/mrok2000/221716662246

https://m.blog.naver.com/PostView.naver?isHttpsRedirect=true&blogId=pk1022&l
ogNo=10070492105

https://m.blog.naver.com/PostView.naver?isHttpsRedirect=true&blogId=inyouwith
you&logNo=10047687397

https://dbr.donga.com/article/view/1206/article_no/8397

https://www.jobaba.net/thema/exprcDtl.do?seq=1274&cntntsSeCd=03

https://brunch.co.kr/@jmg5308/103

http://news.heraldcorp.com/view.php?ud=20210118000673

https://cm.asiae.co.kr/article/2019101511093942436

https://blog.naver.com/smilingmetheny/222943413070

https://post.naver.com/viewer/postView.nhn?volumeNo=24963718&member
No=3336

https://brunch.co.kr/@viva-la-vida/552

https://infuture.kr/1203

https://infuturenet.tistory.com/1203

https://holy820.tistory.com/8706056

https://www.nongmin.com/article/20170525245351

http://www.lionpress.co.kr/04news/before_view.php?category=&endcode=P0010
13&rmode=view&board_idx=269&page=3

https://dbr.donga.com/article/view/1306/article_no/2034/ac/magazine

https://mlbpark.donga.com/mp/b.php?p=1&b=bullpen&id=202301150077
683128&select=&query=&user=&site=&reply=&source=&pos=&sig=h6j6Gf-
AjhTRKfX2h3a9RY-g4hlq

https://orbi.kr/00058948550

https://goodinj.tistory.com/entry/%EB%8F%88-%EC%9E%98-
%EC%93%B0%EB%8A%94-%EC%B8%A4%EB%8D%B0%EB%A0%88-

%EC%84%B1%ED%96%A5-%EC%96%91%EC%9D%B8%EC%82%B4-
%EC%9E%88%EB%8A%94-%EC%82%AC%EC%A3%BC-%ED%8A%B9%
EC%A7%95

https://brunch.co.kr/@nahnya/8

https://www.hani.co.kr/arti/culture/culture_general/1092245.html

https://m.blog.naver.com/themaj/223087666669

https://www.econovill.com/news/articleView.html?idxno=617742

https://m.blog.naver.com/PostView.naver?isHttpsRedirect=true&blogId=wwljc87&
logNo=30091358560

https://www.newstomato.com/one/view.aspx?seq=1080160&repoter=%EC%8B
%A0%ED%83%9C%ED%98%84

http://www.securityfact.co.kr/news/view.php?no=1726

http://www.kwangju.co.kr/read.php3?aid=1313506800443771087

https://www.busan.com/view/busan/view.php?code=20130531000169

https://sulmaro.tistory.com/128

https://www.ttimes.co.kr/article/2015060911257728841

https://blogn2.tistory.com/entry/%EC%95%8C%ED%8C%8C%EB%82%A8-
%EB%B2%A0%ED%83%80%EB%82%A8-1

https://brunch.co.kr/@cozyoh5/2

https://www.injurytime.kr/news/articleView.html?idxno=18158

https://news.koreadaily.com/2021/02/09/society/opinion/9081894.html

https://blog.naver.com/putgochu21/220392509548

https://news.kbs.co.kr/news/view.do?ncd=7591929

https://toughw.tistory.com/2283

https://www.jjan.kr/article/20070830238115

http://www.mknews.kr/view?no=19541

https://dbr.donga.com/article/view/1201/article_no/6776

https://m.blog.naver.com/PostView.naver?isHttpsRedirect=true&blogId=wslee412
2&logNo=220906017813

http://www.goodmorningcc.com/news/articleView.html?idxno=23396

https://www.sedaily.com/NewsView/1HQ9IX3XD4

https://m.blog.yes24.com/an9095/post/10734367

https://dbr.donga.com/article/view/1303/article_no/7324/ac/magazine

https://www.sciencetimes.co.kr/news/%EB%82%A8%EB%85%80%EC%9D%
98-%EC%82%AC%ED%9A%8C%EC%A0%81-%ED%96%89%EB%8F%99%
EC%9D%80-%EC%99%9C-%EB%8B%A4%EB%A5%BC%EA%B9%8C/

https://zomzom.tistory.com/3381

https://jmagazine.joins.com/forbes/view/323910

http://monthly.chosun.com/client/news/viw.asp?ctcd=&nNewsNu
mb=201502100033

https://factvirus.co.kr/archives/5208

http://www.cctimes.kr/news/articleView.html?idxno=202887

https://m.blog.naver.com/mma_expert/221694219237

https://weekly.donga.com/culture/3/07/11/84577/1

https://m.blog.naver.com/PostView.naver?isHttpsRedirect=true&blogId=love-
school&logNo=221334214006

http://www.newsa.co.kr/news/articleView.html?idxno=44824

https://blog.naver.com/businessinsight/221286604535

https://www.100news.kr/8070

https://www.kgnews.co.kr/news/article.html?no=390264

https://www.sedaily.com/NewsView/1HLRF34337

https://m.health.chosun.com/column/column_view.jsp?idx=8508

https://www.hankyung.com/economy/article/202208059339i

http://www.casenews.co.kr/news/articleView.html?idxno=3376

https://m.blog.naver.com/PostView.naver?isHttpsRedirect=true&blogId=wjrm45&l
ogNo=220998603308

http://www.abouthr.co.kr/news/articleView.html?idxno=5037

https://www.nownsurvey.com/board/faq/view/wr_id/36/page/3

https://brunch.co.kr/@workmusicfamily/26

https://napoleon92.tistory.com/m/475

https://www.catch.co.kr/News/RecruitNews/10051?SubCode=6

https://pann.nate.com/talk/118582136